Hannes Liebenstein

Hütten Zauber Odenwald

höma
VERLAG

Vorwort

Wanderers Einkehr möchte Ihnen Appetit machen auf den Odenwald, Lust auf diese ebenso sagenhafte wie geheimnisvolle, verwunschene und liebliche Landschaft - und vor allem auf ihre typische Vesperküche. Denn die Einkehr gehört zu jeder Begehung und Erfahrung des gar nicht so „Öden"Waldes dazu. Sie stillt Hunger und Durst und gibt auf angenehme Weise auch Auskunft über Menschen und ihre Wurzeln, ihre Geschichte und Lebensbedingungen.

Das Buch erscheint in der Reihe Hüttenzauber und hat drei ältere Brüder in der Pfalz, dem Landstrich der Wander- und Vesperhütten. Sucht man im Odenwald nach pfälzischem Hüttenzauber, endet man in Frust und Irritationen. Denn bewirtschaftete Hütten im Odenwald kann man fast mit den Fingern einer Hand abhaken. Die Erklärung liegt uns vor Augen. Auf der einen Seite der geschlossene Pfälzer Wald mit seinem dichten Hüttennetz, hier die meist lieblichen Hügel mit ihrem Wechsel von Wald und freien Flächen und oft atemberaubenden Ausblicken. Zum Odenwald gehören Weideland und die Streuobstwiesen, die Lieferanten von Apfelwein und Kochkäse. Sie machen den Unterschied aus.

Suchen wir also nach Hüttenzauber Odenwälder Art. In den Waldinseln, am Wiesenrand oder in den oft nur aus ein paar Häusern bestehenden Orten und Weilern gibt es jede Menge gemütlicher Stuben für Wanderers Einkehr. Wir haben bewusst Einkehrmöglichkeiten ausgewählt, die dem Wanderer am Wege liegen. Wichtig war uns, dass Gäste mit Rucksack und Wanderstiefeln willkommen sind. Egal, ob sich das kulinarische Angebot einer Hütte mit einer Rindswurst erschöpft, oder ob Gast- und Wirtshäuser auch anspruchs-

vollere Wünsche erfüllen können. Unsere Auswahl ist selbstverständlich subjektiv. Die angegebenen Preise können nur eine Orientierung sein.

Im inhaltlichen Aufbau orientieren wir uns am Odenwald-Schmetterling, dem vierflügeligen rund 500 Kilometer langen Rundwanderweg durch den gesamten Odenwald. Die angegebenen Wanderkarten gehören zu dem 20teiligen Satz an topographischen Freizeitkarten im Maßstab 1:20 000, den das Hessische Landesvermessungsamt herausgegeben hat. Diese Karten werden auch von allen Freizeitorganisationen zwischen Rhein und Main empfohlen. Sie sind im Buchhandel, beim Odenwaldklub und in den meisten Wandergaststätten für 7 Euro zu kaufen.

Wer gerne weiß, was links und rechts des Weges liegt, dem seien die Wanderführer von Rainer Türk nahe gelegt. Es lohnt sich auch, sich das Angebot des UNESCO Geoparks näher anzuschauen. Hilfreich bei der Planung von Wanderungen kann auch das Angebot von www.regio-ausflug.de sein. Hardcore-Odenwälder haben zusätzlich die Möglichkeit, bei www.kartoffelsupp.de ihren Informationshunger zu stillen.

Am besten erobert man den Odenwald auf eigenen Füßen. Denn kaum eine deutsche Landschaft ist so satt an Sagen und Geschichten, so voller Gegensätze und Harmonien, so prall voller Geschichte und Geschichten wie diese Region. Die Kelten waren da und die Römer, die Nibelungen und die Söldnerheere des 30jährigen Krieges. Klosterherren aus Lorsch oder Fulda, aus Amorbach oder Schönau haben die Geschichte geprägt, während der ländliche Volksglaube in ungezählten Sühnekreuzen, Madonnenstatuen oder Bildstöcken fortlebt.

Vorwort

Geologen kennen die Geheimnisse der Felsenmeere und die Eigenheiten des kristallinen und des Sandstein-Odenwaldes. Wir stoßen auf Berg- und Hüttenwerke, auf Schmiede und Köhler, deren Spuren wir noch überall finden. Von einem ganz anderen Odenwald erzählen der Raubacher Jockel oder Hölzerlips und Mannefriedrich, der Hainstadter Peter oder der Große Samuel. Sie gehören zu einer Epoche, in der Menschen im Winter die Steckrüben aßen, die im nächsten Jahr ihr Weiterleben sichern sollten. Ganze Dörfer wie Galmbach, Neubrunn, Ferdinandsdorf oder Dürr-Ellenbach sind in jener Zeit verschwunden, ihre Bewohner ausgewandert oder fortgezogen.

Je tiefer man in diesen Odenwald eindringt, umso schwerer kommt man davon wieder los. Dabei will dieses Buch helfen und Orientierungspunkte anbieten. Unsere Einkehrtipps versuchen, die Hütten und die gastlichen Orte immer auch einzubinden in die Kultur und Geschichte dieser Landschaft oder mit „Noch etwas..." um die nächste Ecke zu führen.

Kulinarisch ist der Odenwald keine Toskana, obwohl an allen seinen vier Rändern Wein wächst, an der Bergstraße und am Main, im Norden bei Groß-Umstadt und im Süden am Neckar. Was ist denn nun typisch für die Odenwälder Küche? Natürlich gibt es Wild und Pilze, Forellen und Grünkern. Aber meist sind es einfache Gerichte wie Omas Rüben-Stampes oder Kartoffelbrambel, Kochkäse, Eier, Brot und Apfelwein und Hausmacher Wurst, die oft mit Kartoffeln gestreckt werden musste. Aus dieser „Ourewäller" Tradition hat sich aber neuerdings eine Esskultur entwickelt, die mit frischen regionalen Produkten und viel Kreativität mehr kann als Kochkässchnitzel, das kulinarische Markenzeichen des Odenwaldes. Junge Köche haben sich aufgemacht, Omas Küche aufzumischen. Auch darauf soll dieses Buch Appetit machen.

Also dann, auf gute Einkehr!

Der Autor

Hannes Liebenstein ist als gebürtiger Pfälzer im Schatten von Kalmit und Weinbiet aufgewachsen. Pfälzischen Hüttenzauber kennt er auch aus der Innen-Ansicht von gelegentlichen Helfer-Einsätzen in der Hellerhütte bei Neustadt.
Studium und Beruf haben ihn über den Rhein verschlagen, nach Heidelberg an den Rand des Odenwaldes. Hier ist er heimisch geworden. Beruflich hat Hannes Liebenstein als Journalist und langjähriger Redaktionsleiter von SWR4 Kurpfalz Radio gelernt, die Pfalz von den gegenüberliegenden Hängen aus zu sehen. Gleichzeitig ist er näher eingedrungen in den Odenwald. Diese Annäherung führte ihn über das Neckartal und die Bergstraße vor allem auch aus beruflichem Interesse bis in den Hohen Odenwald. Heute trifft man ihn bei seinen regelmäßigen Wanderungen abwechselnd in der Pfalz und im Odenwald. Bei den Recherchen zu Wanderers Einkehr hat sich sein Odenwald-Bild erweitert um landschaftlich so interessante und geschichtlich so spannende Regionen wie das Fischbachtal, das Rodensteiner Land um Reichelsheim, die Gegend am Otzberg, das Maintal oder die Wälder um Amorbach. Mit diesem Rucksack-Büchlein legt Hannes Liebenstein seinen Odenwald auf den Tisch, in 45 persönlichen Einkehrempfehlungen für Wanderer.

Erklärung der Piktogramme

- Öffnungszeiten
- Sitzplätze
- Lage/Höhe
- Spezialitäten
- Angebote für Kinder
- Hunde
- Übernachtungen
- Parkplätze
- Mit dem Auto zu erreichen
- Mit ÖPNV zu erreichen
- Besuchenswert
- Besonderheiten
- Wanderkarte

Wanderers Einkehr

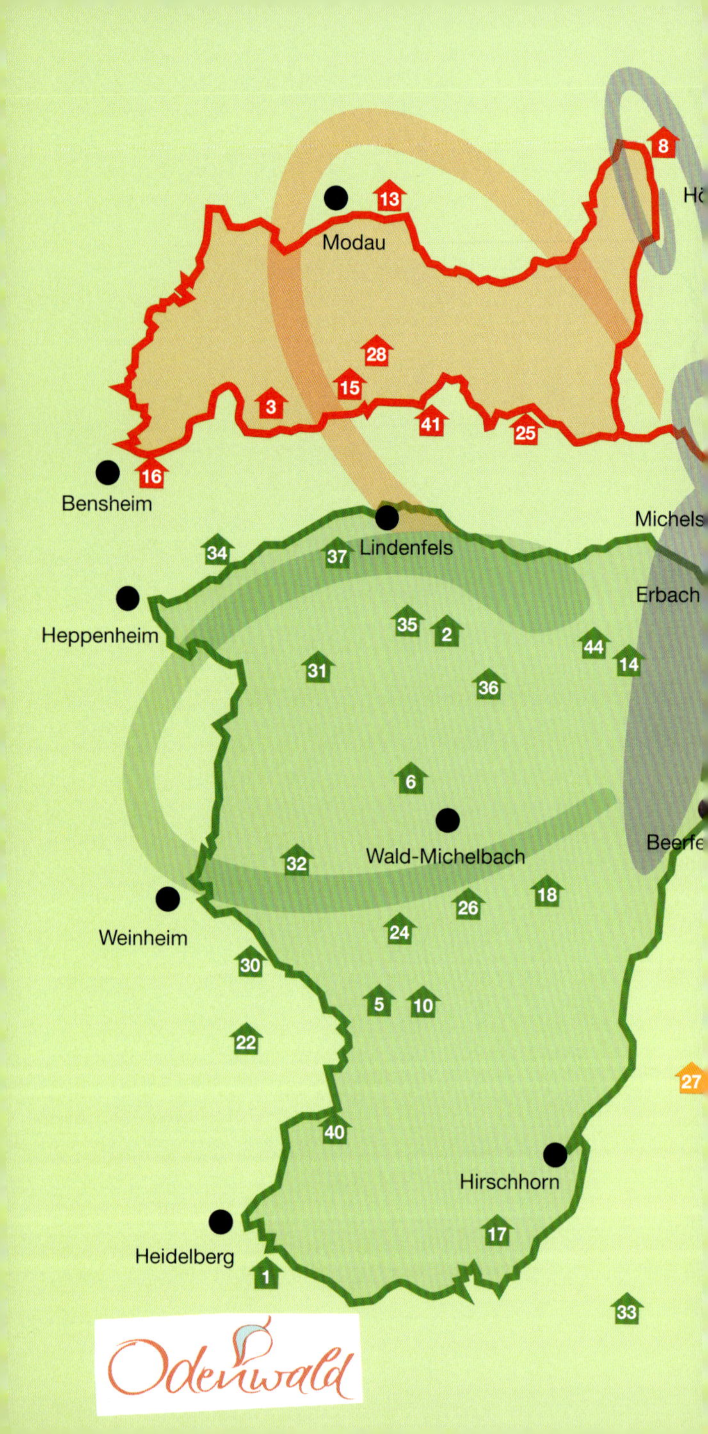
8
13
Modau
28
15
3
41
25
16
Bensheim
Lindenfels
Michels
34
37
Heppenheim
Erbach
35
2
44
14
31
36
6
Wald-Michelbach
Beerfe
32
18
26
Weinheim
24
30
5
10
22
27
40
Hirschhorn
Heidelberg
17
1
33
Odenwald

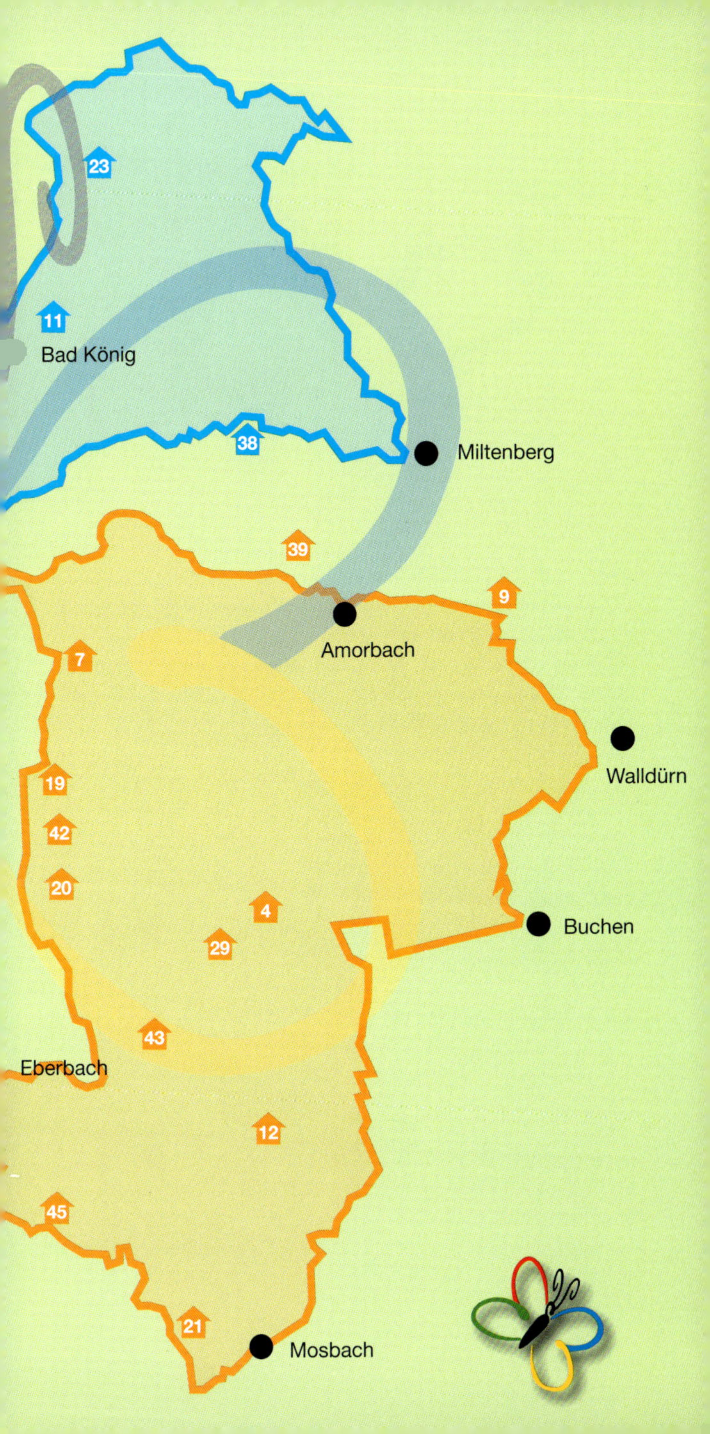
23
11
Bad König
38
Miltenberg
39
9
Amorbach
7
Walldürn
19
42
20
4
Buchen
29
43
Eberbach
12
45
21
Mosbach

Der bunte Odenwald-Schmetterling hat das Zeug zum Sympathieträger der gesamten Urlaubsregion: 510 Kilometer miteinander verbundene Wanderwege durch das sagenhafte Land zwischen Neckar, Main und Rhein. Seine vier farbigen Flügel bilden vier Rundwege ab, die im Zentrum Erbach-Michelstadt zusammenlaufen.

Der Hüttenzauber Odenwald folgt dem Flügelschlag des Schmetterlings. An seinem Weg und in kleinen Abstechern stellen wir Einkehr-Tipps für Wanderer vor, Hütten, Wirtschaften und Gasthäuser, in denen man auf Odenwälder Art vespern und zum Teil auch übernachten kann. In Aufbau und Darstellung hält sich der Hüttenzauber Odenwald an die Farben des Schmetterlings.

Der **grüne** Burgundenweg ist 140 Kilometer lang. Er führt von Erbach hinunter Richtung Eberbach, dann nach Westen bis Heidelberg und macht die Schleife über Heppenheim zurück nach Erbach.

Der **rote** Flügel steht für den 120 Kilometer langen Alemannenweg. Er verbindet Michelstadt mit Reichelsheim, schlängelt sich über das Felsenmeer Richtung Bensheim und weiter über Jugenheim und das Mühltahl über Fischbachtal, Brensbach, Otzberg und Höchst wieder zurück.

Der **blaue** Frankenweg ist mit knapp 100 Kilometern die kürzeste Schleife. Von Michelstadt geht es nach Norden über Bad

König zur Burg Breuberg und die alte Frankfurter Straße nach Obernburg am Main. Von hier folgt der Frankenweg auf der anderen Mainseite dem Fränkischen Rotweinwanderweg nach Miltenberg.

Der **gelbe** Flügel symbolisiert den Badener Weg, mit 150 Kilometer der längste der vier Rundwege. Er führt von Erbach zum Eulbacher Schloss, geht dann nach Osten über Amorbach zum Freilandmuseum Gottersdorf, weiter über Walldürn, Buchen, Mudau nach Mosbach, über die Margarethenschlucht nach Eberbach zum Katzenbuckel und über Reußenkreuz und Bullauer Bild zurück nach Erbach.

Statt einer Mehrtageswanderung kann man sich natürlich auch beliebige Teilstrecken vornehmen. Eine kostenlose Broschüre gibt kurze Wegbeschreibungen mit Kilometerangaben und verweist auf Sehenswürdigkeiten am Weg. Die Broschüre kann man sich unter www.tg-odenwald.de/schmetterling herunterladen oder bestellen beim

TouristikService Odenwald-Bergstraße, Marktplatz 1, 64711 Erbach
Fon 06062/94333-0, Fax 943333,
info@tourismus-odenwald.de, www.odenwald.de

Touristikgemeinschaft Odenwald, Scheffelstraße 1, 74821 Mosbach
Fon 06261/84-1383, Fax 84-4750
info@tg-odenwald.de, www.tg-odenwald.de

UNESCO Geopark Bergstraße-Odenwald
Nibelungenstraße 41, 64653 Lorsch
Fon 06251/707990, Fax 7079915
www.geo-naturpark.de, info@geo-naturpark.de

Naturpark Neckartal-Odenwald, Kellereistraße 36, 69412 Eberbach
Fon 06271/72985, Fax 942274
info@naturpark-neckartal-odenwald.de

Odenwaldklub, Staatspark Fürstenlager, Prinzenbau, 64625 Bensheim
Fon 06251/855856, Fax 855858
www.odenwaldkblub.de, info@odenwaldklub.de

Wenn sich Dichter an der Natur betrinken

Vor 300 Jahren lag Heidelberg in Schutt und Asche. Der Pfälzische Erbfolgekrieg hatte Not und Elend über das Land gebracht. In dieser Not erlaubte der Kurfürst einem Dutzend Bauern und Kohlbrennern, auf dem Rücken des Königstuhls ein Stück Wald zu roden und es künftig zu beackern, den späteren Kohlhof. Aus der Asche der alten Kohlemeiler ist seither eine einzigartige Oase der Ruhe und Erholung erwachsen, ein Naturidyll „aus einer anderen Welt", wie es der Maler Will Sohl empfindet. Oder um es mit Hilde Domin zu versuchen: „An dieser Natur könnte ich mich betrinken". Dieser „Insel im Wald" nähern wir uns am besten, wenn wir den Anker setzen beim Landgasthof „Alter Kohlhof". Hier hat schon mancher Gast stürmische Zeiten abgewettert, wie die großen Schauspieler Heinrich George, Gustav Knuth, Gisela Uhlen oder Werner Hinz.

Prominente Gäste

In den Jahren von 1934 bis 1938 waren sie während der Heidelberger Reichsfestspiele quasi Stammgäste und machten bei entsprechender Dünung den Alten Kohlhof zu ihrem „Alkoholhof". Ein besonders treuer Gast war bis zu ihrem Tod im Frühjahr 2006 die Dichterin Hilde Domin, die regelmäßig ihre Geburtstage hier feierte oder zuletzt auch Günter Grass, der ausdrücklich „die Stille, den Ausblick auf die Obstwiese, das gute Essen und die Gastfreundschaft der Wirtsleute" genossen hat.

Diese Wirtsleute sind seit rund einem Jahrzehnt Sabine Heydgen-Stier und Ulrich Stier. Sie haben sich hier einen Traum erfüllt und den traditionsreichen Gasthof liebevoll restauriert und zeitgemäß ausgerichtet. Wanderer oder die Wintersportler vom Skihang gegenüber sind genauso willkommen wie Gäste, die ein gepflegteres Ambiente schätzen. Mit der Köhler-Stube setzen die Stiers bewußt eine rustikalere Note im Landhausstil mit Holztischen

und regionalen Gerichten. Da gibt es nicht nur das Rumpsteak vom Angusrind, sondern auch Badische Käs-Spätzle (6,90 Euro), Hausgemachte Maultaschen (7,90 Euro) oder Saftigen Schweinebraten. Dazu empfehlen sich regionale Biere oder ein Glas Wein aus dem hauseigenen Weingut. Denn der ganze Stolz des Hausherrn ist das Weingut Alter Kohlhof, das mit seinen Rauenberger Gewächsen bereits die ersten Auszeichnungen eingeheimst hat.

Der Alte Kohlhof besitzt einen der schönsten Biergärten weit und breit. Der Blick reicht weit in den Kraichgau oder zu den umliegenden Streuobstwiesen, auf denen die preisgekrönten Angusrinder des Bierhelder Hofs weiden. Hinter dem Haus „mähen" ein paar Ziegen den Rasen, mitunter zeigt sich ein Feuersalamander oder eine Blindschleiche. Auf der Pferdekoppel stehen zwei rassige Andalusier, auf denen die Wirtsleute auf Wunsch auch mit ihren Gästen ausreiten. Wanderer sind am „Alten Kohlhof" mitten im Revier. Von hier aus eröffnen sich Wege für jede Lust und Laune. Zum Beispiel auf dem Lehrpfad „Via naturae" vom Königstuhl über den Auerhahnkopf zum Kohlhof. Im Winter entfaltet der Kohlhof seinen besonderen Reiz mit einer Schlittenbahn und einem Skilift.

Und noch etwas . . .

Der Kohlhof und die Künstler, das ist eine besondere Beziehung. Denn schon sehr früh haben Künstler den einzigartigen Reiz dieser Insel im Wald entdeckt. So machte der Komponist Wolfgang Fortner sein Haus auf dem Kohlhof zum bedeutenden Treffpunkt junger Künstler und Komponisten in der Nachkriegszeit. Die Mitbegründerin und frühere Bundesvorsitzende der Grünen, Manon Griesebach, unterhielt in der alten Kohlhof-Scheune einen literarisch-philosophischen Zirkel, an dem auch Hilde Domin, Marie Marcks oder Hans-Georg Gadamer teilnahmen. Der Kohlhof selbst lieferte immer wieder Motive für den Maler Igor von Jakimov, der wie Otto Schliessler wichtige Jahre seines künstlerischen Lebens in der kleinsten Heidelberger Siedlung verbrachte. Auch unter den 36 Menschen, die zum 300-Jahr-Jubiläum im Mai 2006 auf dem Kohlhof lebten, sind mit Piet Sohl und Klaus Horstmann-Czech renommierte Künstler.

Alter Kohlhof

Alter Kohlhof – Landgasthof, Hotel und Weingut
Inhaber: Sabine Heydgen-Stier und Ulrich Stier
Kohlhof 5
69117 Heidelberg
Fon 06221/138310, Fax 1383140
alterkohlhof@t-online.de, www.alterkohlhof.de

Apr – Sept 11 – 22:30 Uhr warme Küche
Okt – Ende März 11 – 21:30 Uhr, Mo/Di Ruhetag
Betriebsferien Anfang Nov, Fastnacht

Restaurant 90, Bankett-Räume 70, Biergarten 120

460 m

traditionelle badische und regionale Küche
vegetarische Gerichte, Weine aus eigenem Anbau

Kinderstühle, Kinderbesteck, Kleintiere, Spielplatz

willkommen

ÜF ab 55 Euro EZ, ab 80 Euro DZ

beim Haus

über Gaiberg, 3 Eichen, Kohlhof, oder über Sinsheim-Richtung Neckargemünd – Waldhilsbach - Kohlhof

Buslinie 39 ab HD Bismarckplatz, Haltestelle Alter Kohlhof, 3 Min. Fußweg, ab Bergbahn Königstuhl 20 Min. Fußweg.

Märchenparadies, Falknerei Königstuhl, Via naturae

Weinproben, geführte Themen-Wanderungen, Ausritte in den Naturpark, Grillabende, Winter-Kiosk, Skilift, Nordic Walken, Mountain Biken

12 – Heidelberg – Neckartal-Odenwald
13 – Neckartal-Odenwald

Westernromantik im Odenwald

Wer sich Alt-Lechtern an einem schönen Sommertag nähert, denkt zunächst, er träumt. Das stille, romantische Tal, das uns von Fürth nach Osten führt, öffnet sich zu einer für den Odenwald so typischen Hochfläche aus Wiesen und Weiden. Und mittendrin, wie aus dem Bilderbuch, liegt die Waldgaststätte „Alt-Lechtern".

Wanderers Einkehr

Der so geheimnisvoll klingende Name gibt bei der Nachforschung wenig her. Im Jahre 1094 hat das Kloster Lorsch hier oben zwischen Fürth, Hammelbach und Weschnitz den Hof „Aldenlether" gegründet, der „eigentlich schon immer" im Familienbesitz geführt wird, als Bauernhof und seit 1963 offiziell als Gasthaus mit Rinder- und Pferdezucht.

Gäste hatte Alt-Lechtern schon immer. Denn für Wanderer gab es auf dem Hof eben das, was der Bauer im Keller hatte: Apfelwein, Käse, Milch und Butter und selbstgebackenes Brot. Das gibt es auch heute noch, dazu Würste, Hacksteak und verschiedene Schnitzel und vor allem Steaks vom Odenwälder Weiderind, das auf der Wiese hinter dem Haus aufgewachsen ist. Und eigentlich aus einer Weihnachtslaune heraus hat Georg Regner, der inzwischen in der

Küche von seiner Tochter Alexandra unterstützt wird, auch Elch, Gams und Rentier auf der Karte, neben einheimischem Wild natürlich. Ergänzt wird das Angebot selbstverständlich durch einheimische Spezialitäten vom Kochkäse bis zur Wildschweinbratwurst oder einem Bohnen-Linsen-Eintopf.

Hoch zu Ross

Neben den Rindern, die eigentlich nur noch für die eigene Speisekarte gezüchtet werden, hat sich Georg Regner der Pferdezucht verschrieben, speziell den Quarterhorses für das Westernreiten. Kein Wunder, daß so mancher Gast nicht seinen Rucksack oder seinen Pkw abstellt, sondern seinen Gaul an einem eigenen Pferdeparkplatz anbindet. Denn im Vorderen Odenwald rund um Fürth und Rimbach sind die Wanderreiter schwer im Kommen.

Alt-Lechtern hatte zu seiner Glanzzeit 1829 rekordverdächtige 22 Einwohner, die sich allerdings auf zwei Höfe verteilten. Vom oberen Hof ist heute noch das 1768 erbaute Wohnhaus erhalten. Einheimische erinnern sich noch an den Wanderschäfer, der das stille Tal hinunter nach Steinbach als reines Wiesental erhielt. Inzwischen haben sich dort Bäume angesiedelt, die Schatten spenden für den schönen Jugend-Zeltplatz und den benachbarten Spielplatz. Der Zeltplatz wird von der Gaststätte aus mit betreut.

Viele Wege

Für Wanderer führen viele Wege nach Alt-Lechtern. Lohnenswerte Ziele von hier aus sind die Walburgiskapelle bei Weschnitz oder ganz in deren Nähe der Kahlbergstein, der an einen Gerichtstag erinnert, an dem Karl der Große im Jahre 795 die heute noch verbindliche Kreis-Grenze festgelegt hat. Eine knappe Stunde ist es auch zur Weschnitzquelle bei Hammelbach, die inzwischen neu gefaßt worden ist, so daß sich die Wanderer darin „die Fieß wäsche" können. Wer mit dem Auto unterwegs ist, dem steht von hier aus der Odenwald offen. Zum Beispiel über die Siegfriedstraße ins Mossautal mit dem Siegfriedbrunnen oder der kleinsten selbständigen Molkerei Hessens in Hüttenthal.

Und noch etwas . . .

Der kulinarische Dreiklang des Odenwaldes aus Kochkäse, Apfelwein und Handkäse hat für Puristen einen kleinen Misston. Denn der Odenwälder Handkäse ist eigentlich gar kein Handkäse. Der Begriff Handkäse steht für einen früher handgeformten glasigen Käse aus Sauermilch bzw. Trockenquark, wie wir ihn als Mainzer oder Harzer oder auch als Pfälzer Handkäse kennen. Aber so etwas wird im Odenwald zumindest gewerblich nicht mehr hergestellt. Auch der Odenwälder Handkäse aus Mörlenbach kommt aus Nordhessen, wenn auch nach Odenwälder Rezepturen. Was im Odenwald gemeinhin als Handkäse auf den Tisch kommt, wird in einem aufwändigeren Verfahren durch Dicklegung von frischer Milch mit Hilfe des Kälberenzyms Lab hergestellt und zählt zur Gruppe der Weichkäse wie Camembert, Romadur, Wein- oder Münsterkäse. Früher wurde er von mehreren Molkereien im Odenwald produziert. Heute ist die Molkerei Hüttenthal die einzige, die diesen Käse unter dem europaweit geschützten Namen Odenwälder Frühstückskäse herstellt. Er hat keinen Weißschimmel wie etwa der Camembert, sondern eine Rotkultur und ist mit nur 10 Prozent Fett i.T. magerer als seine fetteren Brüder. Dieser Frühstückskäse wird in vielen Odenwälder Gasthäusern als Handkäse angeboten. Er ist zwar hochwertiger und im Geschmack ähnlich, aber streng genommen ist er kein Handkäse. Also ein Hauch von Schummel unterm Schimmel.

Waldgaststätte Alt-Lechtern

Waldgaststätte Alt-Lechtern
Inhaber: Georg Regner
64658 Fürth
Altlechtern 1
Fon 06253/3150
Fax 06253/4525

Öffnungszeiten	täglich ab 11 Uhr, Mo und Di Ruhetag,
Plätze	100 innen, 100 außen teilweise überdacht
Höhe	400 m
Küche	Rind aus eigener Zucht, Elch und Rentier im Winter
Kinder	eigene Gerichte
Hunde	willkommen
Übernachtung	keine
Parken	am Haus
Anfahrt	Von Fürth Richtung Steinbach, Kettelerstr. links, Erzbergstr. rechts, dann 1,5 km Asphaltweg
Haltestelle	bis Fürth, dann gut 30 Min. Fußweg
Sehenswert	Weschnitzquelle, Walburgiskapelle
Tipp	Quarterhorse-Zucht, Ski-Loipe Hammelbach
Wanderung	9 - Der Überwald

Bärsbacher Hofschenke

Gemütlich futtern im alten Kuhstall

Typisch Odenwald. An vielen alten Bauernhäusern finden wir dekorative, oft überdachte Sandsteintreppen, die parallel zur Hauswand hoch führen ins Obergeschoss. Unten Sandstein, oben Fachwerk. Unten lagerten hinter kühlen Mauern die Vorräte und das Vieh, oben wohnte der Bauer mit seiner Familie. Genau wie bei „s Ewalde" im kleinen, aber schon 1293 erwähnten Örtchen Bärsbach.

Dankbare Wanderer

Nur, dass sich im Kuhstall heute die Gäste der urgemütlichen Dorfschenke nach dem Futter und der Tränke recken. 1995 war es, als Klaus Ewald die Tradition seiner Vorfahren aufgab, seine Kühe verkaufte und seine Zukunft auf eine Vesperwirtschaft setzte. Zahllose Wanderer und viele Stammgäste sind ihm heute dankbar dafür.

Unter der niedrigen Decke mit den schmalen Stahlträgern und dem leicht geschwungenen Gewölbe des ehemaligen Stalls hängen die Wände voll mit landwirtschaftlichem Kleingerät und bäuerlichen Utensilien. Christa Ewald hätte zwar gern ein bisschen mehr Raum, um die eine oder andere Idee umzusetzen, wie eine eigene Kinderecke zum Beispiel. Aber gerade diese Enge schafft die kommunikative Gemütlichkeit der Hofschenke. Vor allem an schönen Tagen oder am

Wochenende kommt man gar nicht in die Versuchung, sich alleine an einen Tisch zu setzen. Man ist froh, überhaupt ein Plätzchen zu finden.

Ewalds Hauskäse

Klassiker auf der Speisekarte sind Schnitzel aller Art, gebackene Blutwurst mit oder ohne Rühreier (4,50/ 3.40 Euro), Hausmacher Wurst, Bratwürste oder Wurstsalat. Daneben gibt es hauseigene Kartoffelsuppe und im Winter Saure Bohnen mit Kassler und Kartoffelbrei (7,80) oder Tafelspitz mit Meerrettich. Und vor allem Christa Ewalds Bratkartoffeln! Neben dem hausgemachten Kochkäse zaubert sie auch einen Hauskäse, dessen Rezept sie aber nicht preisgibt. Nur soviel: Das ist so eine Art Obatzter aus dem Odenwald auf der Basis von Camembert. Versuchen Sie ruhig einmal das Schnitzel mit Hauskäse.

Bärsbach mit seinen paar Häusern ist eine der älteren Siedlungen zwischen Steinach und der Hohen Straße. Weit zurück reicht auch die Geschichte von „'s Ewalde" und ihrem Hof. „Seit mer's gedenkt", meint Klaus Ewald und wird konkreter: „Mindestens 17. Jahrhundert". Früher baute man auf den kargen Flächen Kartoffeln an und Getreide, später lebte man von der Milchwirtschaft. Bis eben die Gäste kamen, zuerst zum Hoffest und zur Kerwe, und jetzt eben in die Hofschenke.

☞ Unser Tipp

Wenn Sie in der Hofschenke keinen Platz mehr finden oder vor geschlossenen Türen stehen, ziehen Sie einfach einen Kilometer weiter nach Hilsenhain in das sehr rustikale und heimelige „Gasthaus Zur Hohenstraße". Es bezieht sich mit seinem Namen auf die Hohe Straße, eine der wichtigsten Nord-Süd-Verbindungen der Römer, die hier vorbei führte. Das seit 1881 bestehende Gasthaus hat ein deftiges Vesperangebot wie Eier mit Speck, Bratwürste, Rippchen mit Kraut oder Handkäse. Zur Jagdzeit gibt es Wildgerichte mit hausgemachten

Kartoffelknödeln oder Spätzle. Warme Küche allerdings nur am Wochenende.
Geöffnet täglich ab 10 Uhr, Mi/Do sind Ruhetage.
Fon 06220/215.

Und noch etwas . . .

Nur ein paar Autominuten talabwärts finden wir eine echte Perle des Odenwaldes, das Kloster-Städtchen Schönau. Nicht nur, weil Kurfürst Carl-Theodor hier in der Steinach Perlmuscheln eingesetzt hat, die bis Mitte des vergangenen Jahrhunderts auch geerntet worden sind. Schönau ist allemal einen Besuch wert, egal, ob es „in Schääna schneischt" oder auch nicht.

Schöne Au

Überall stoßen wir auf Reste und Spuren des ehemals neben Maulbronn wichtigsten Klosters der Region. Am 21. März 1142 outete sich der Wormser Bischof Buggo II. als Odenwald-Fan. Mit dem ihm zugeschobenen Spruch: „Hier in diesen schönen Auen lasset uns ein Kloster bauen" gab er Schönau seinen Namen und der Gegend ein religiöses, kulturelles und wirtschaftliches Zentrum. Der Bligger von Steinach hatte das ihm verliehene Land für einen Klosterneubau an die Kirche zurückgegeben. Dessen Geschichte einschließlich der Intrigen und Machtspiele ist in zehn undatierten mittelalterlichen Federzeichnungen aus der Hand eines unbekannten Künstlers festgehalten. Aus der gesamten Anlage des von Eberbacher Zisterziensern besiedelten Klosters ist der Sitz des Hühnervogts am besten erhalten, die so genannte Hühnerfautei. Der Hühnervogt hatte den Zins oder Zehnten einzutreiben, der ja oft aus Naturalien bestand, wie z. B. Hühnern. Das Schönauer Hinkelhaus, wie man es früher nannte, gilt als einer der besterhaltenen Profanbauten des deutschen Hoch-Mittelalters. Nach einer aufwändigen Restaurierung dient das Gebäude heute als Kulturzentrum.

Bärsbacher Hofschenke

Bärsbacher Hofschenke bei´s Ewalde
Inhaber Klaus Ewald
Hilsenhainer Straße 12
69253 Heiligkreuzsteinach-Bärsbach
Fon 06220/8673, Fax 06220/911833

🕒	Mi – Sa ab 14, So/Fei ab 10 Uhr, Mo/Di Ruhetage
🪑	40 alter Stall, 15 Nebenzimmer, 70 Biergarten
⛰	420 m
🍴	Schnitzel, gebackene Blutwurst, Saure Bohnen
👪	Spielgeräte außen
🐕	nur draußen
🛏	keine
P	beim Haus
🚗	von Schriesheim, Wilhelmsfeld, Neckarsteinach oder Gorxheimertal
H	BusH Heiligkreuzsteinach, 40 Min. Fußweg
↘✱	Schönau mit restaurierter Hühnerfautei, Eichelberg
👍	Schlachtfest am 2. Do im Monat (nur Winter)
🚶	12 – Heidelberg – Neckartal-Odenwald

Gasthaus Bergblick

Von Spitzbuwe und Gänsstebbel

„Als hier einst blüht der Handel, baut man den Stall am Kandel. Hier kehrten alle Fuhrleut ein bei Käsebrot und Apfelwein". Daran hat sich hier oben auf dem Stallenkandel zwischen Tromm und Kreidacher Höhe eigentlich nie etwas geändert, schon gar nicht, seit im Gasthaus Bergblick mit Jens Jöst einer aus der Garde der jungen Odenwälder Köche den Rührlöffel übernommen hat.

Traditionelle Wurzeln

Er respektiert, dass die Gäste im Odenwald einen Kochkäse mit Musik (3,70 Euro) erwarten, Hausmacher Wurst oder Kartoffelpuffer mit Apfelmus. Daneben gibt es im Bergblick auch Sauerbraten, Rinderroulade, das beliebte Rahmschnitzel (9,70 Euro), den Raubacher Köhlertopf oder Wurstsuppe vom letzten Schlachtfest (2,50 Euro). Schließlich liegen dem jungen Koch die traditionellen Wurzeln seiner Heimat am Herzen. Aber gerade deshalb lässt er sich gerne inspirieren von dem, was der Odenwald kulinarisch zu bieten hat. Das Ergebnis ist beispielsweise ein Barsch auf Bärlauchrisotto, ein Überwälder Apfelgoulasch, eine Sauerkraut-Lasagne, viererlei Knödel zum Wild etwa oder Blätterteighäppchen, mit Blutwurst und Apfel gefüllt. Auch sprachlich macht es Spaß, die Speisekarte im Bergblick zu lesen. Da trifft man Ourewäller Spitzbuwe, Stallenkandler Gänsstebbel oder die Quer-durch-de-Gaade-Supp.

Jens Jöst spielt in seiner Küche gerne mit den Jahreszeiten. Im

Frühjahr gibt es Bärlauch oder Rhabarber, im Sommer glüht auf der Terrasse der Holzkohlengrill, im Herbst stehen Pilze und Äpfel auf dem Plan, und zum Winter hin wird es Zeit für Gänsekeulen, heimisches Wild oder hausgemachte Wurst. Fast alles, was der Bergblick selbst herstellt, steht auch zum Mitnehmen bereit: Brot und selbst geräucherter Schinken, Bärlauchpesto, Marmeladen oder Gelee von Holunder, Quitte oder Apfel, zum Teil mit Rosmarin abgeschmeckt, und jede Menge Wurst, etwa Bratwurst mit Bärlauch oder vom Hirsch.

Talblick vom Bergblick

Vom Bergblick hat man einen herrlichen Talblick hinunter nach Mannheim, Ludwigshafen und in die Pfalz. Von dort kommen auch viele Gäste hoch zum Höhenweg zwischen Tromm und Kreidacher Höhe. Schon in alten Zeiten gab es hier oben eine wichtige Raststation auf dem Handelsweg von Michelstadt nach Heidelberg, auch später für die Postkutschen ein beliebter Ort, um die Pferde zu wechseln. Der Name Stallenkandel, der das gute Dutzend Häuser verbindet, soll wohl auf Stall und Tränke hinweisen. Der Bensheimer Pfarrer Heinrich Tischner leitet den Namen allerdings von staldenkandel ab, was steiler Weg und Rinne bedeuten würde.

Auch Adam Karillon

Als Mitte des 19. Jahrhunderts die Straße vom Weschnitztal in den Überwald gebaut wurde, bewarb sich Adam Schäfer um das Recht, in seinem Haus auf dem Stallenkandel eine Schankwirtschaft zu errichten. Das war die Geburtsstunde des Gasthauses, das seither in Familienbesitz geführt wird. In der Chronik des Bergblicks finden wir auch den in Wald-Michelbach geborenen Odenwalddichter Adam Karillon und Adenauers Außenminister Heinrich von Brentano, der eine zeitlang auf dem Stallenkandel zu Hause war. 1965 fiel das alte Gasthaus einem Großbrand zum Opfer und wurde durch das heutige Gebäude ersetzt.

Vom Gasthaus Bergblick ist man in fünf Minuten auf dem Höhenweg von der Tromm zur Kreidacher Höhe. Außerdem werden drei Rundwanderwege angeboten, die man in 45 bis 90 Minuten bewältigen kann.

Unser Tipp

In der ehemaligen Sparkasse von Wald-Michelbach ist seit 2002 ein einmaliges Museum untergebracht, das Stoewer-Museum. Zu sehen sind kostbare alte Autos, Fahrräder, Näh- und Schreibmaschinen, die bis 1945 in Stettin gebaut worden sind. Mit Kriegsende war auch das Schicksal der Stoewer-Werke besiegelt. Manfried Bauer, in Stettin geborener Hardcore-Sammler von allem, was den Namen Stoewer trägt, hatte in einem Campingurlaub Wald-Michelbach kennen gelernt. Heute lebt er hier, natürlich in der Stoewer-Straße, und pflegt sein Museum. Von März bis Dezember ist es jeweils am ersten Sonntag des Monats von 14 bis 17:30 Uhr geöffnet. Eintritt frei. Sondertermine: 0171/4213922.

Und noch etwas . . .

Mit vier weiteren jungen Kollegen hat sich Jens Jöst vom Bergblick zu den Nibelungenköchen zusammengeschlossen. Das Quintett hat den Ehrgeiz, „den sagenhaften Odenwald durch kulinarische Spezialitäten mit allen Sinnen erlebbar zu machen". Ihr erstes gemeinsames Rezeptbuch, 2005 bei den Weinheimer Diesbach-Medien erschienen, ist derzeit vergriffen. Die jungen Köche machen Appetit auf Odenwälder Zwiebelfleisch, Lachstartar mit Reibekuchen, Hirschsauerbraten, Ourewäller Worschtsupp mit Mehlriwwel, Bärlauch-Ravioli mit Rucola, Großmutters Schepp-kuche oder ein Kochkäsesoufflée mit roter Musik. Neben Jens Jöst gehören zu den Nibelungenköchen noch Jörg Buser vom Ochsen in Hammelbach, Tobias Knapp von der Haltestelle in Weiher, Daniel Hagen Wolf vom Gasthof Hagen in Gras-Ellenbach und Thorsten Kunkel, der aus dem Gasthaus Heid in Wald-Michelbach stammt.

Gasthaus Bergblick

Gasthaus Bergblick
Inhaber: Karl Jöst
Stallenkandel 5
69483 Wald-Michelbach
Fon/Fax 06207/6295
gasthaus-bergblick@t-online.de
www.gasthaus-bergblick.de

	tägl. ab 10 Uhr, Di Ruhetag
	70, Nebenraum 20, Biergarten und Terrasse 180
	450 m
	Rahmschnitzel, Raubacher Köhlertopf, Wild- und Pilzgerichte, hausgemachte Wurst
	Kinderkarte
	willkommen
	keine
	beim Haus
	L 3409 Rimbach - Zotzenbach oder Siedelsbrunn – Kreidacher Höhe - Stallenkandel
	BusH Kreidacher Höhe, 30 Min. Fußweg
	Stoewer-Museum Wald-Michelbach
	wechselnde Themenwochen, Apfeltage, Holzkohlen-Grill, Wurst, Konserven und Marmeladen zum Mitnehmen, Tagesessen
	9 – Der Überwald

Gasthaus Goldene Krone

Gruß aus der Suppenschüssel

In der Goldenen Krone kommt als erstes die Suppenschüssel auf den Tisch. Etwas Warmes gegen den Heißhunger. So ist es Tradition bei der Familie Seip, die das gastliche Haus am Eiterbach schon seit mehr als 300 Jahren führt. Odenwälder Gastlichkeit mit dem Schöpflöffel.

Oma Lisa hilft

Auch sonst geht man in Eiterbach gern traditionelle Wege. Rainer Seip, der Krone-Wirt, setzt betont auf Ehrlichkeit. Die Gäste müssen wiederkommen, meint er, und das tun sie nur, wenn sie auch zufrieden waren. Und dafür packt die gesamte Familie mit an. So hilft Oma Lisa selbstverständlich in der Küche, die Enkeltochter macht sich nützlich, und der Senior lässt es sich nicht nehmen, bei Bedarf auch mal die „Quetschkommod" auszupacken und für seine Gäste aufzuspielen.

Eigener Wald

Hungrige Wanderer sind in der Krone immer willkommen. Auch zur Vesperzeit gibt es warmes Essen, dann eben ohne aufwändige Beilagen. Die Speisekarte ist eher klassisch-bürgerlich mit Schnitzel und Steaks, bietet aber auch Fisch und vor allem Wild aus dem hauseigenen Wald. Je nach Saison gibt es jahreszeitliche Spezialitäten wie Spargel oder Gans, und wenn die Zeit danach ist, wird in der Krone auch frisch geschlachtet.

Der Stammtisch in der Goldenen Krone ist fest in der Hand der Jäger, die die angrenzenden Wälder hegen und bejagen. Für die Familie Seip ist der eigene Forst längst nur noch Hobby, aber er macht sie zu einem der wenigen Gasthöfe mit eigenen Wanderwegen. Direkt am Haus beginnen markierte Wege zur Stiefelhöhe oder zum Lichtenklinger Hof, nach Schönbrunn auf der anderen Talseite oder hinunter nach Heiligkreuzsteinach auf einem gemütlichen Spazierweg entlang des Eiterbachtales.

Am Ende des Tales

Dieses noch ursprüngliche Wiesental ist Teil einer alten bäuerlichen Kulturlandschaft, die durch den Naturschutz noch weitgehend intakt erhalten ist. Die einzige Straße, die Dorfstraße, endet denn auch an der nahen Landesgrenze zu Hessen. Der Eiterbach, der dem Ort und dem Tal seinen Namen gibt, entspringt bei Siedelsbrunn und verliert sich bereits nach sieben Kilometern in dem Flüsschen Steinach. Sein Name ist vermutlich auf eine alte Gewässerbezeichnung zurückzuführen, die wir im Odenwald bei der Itter oder bei der berühmteren Isar wiederfinden.

Und noch etwas . . .

Die Dorfstraße von Eiterbach endet mit dem Parkplatz Lichtenklingen. Von hier aus läuft man in einer guten halben Stunde zum Lichtenklinger Hof, einem alten Quellheiligtum, das in eindrucksvollen Ruinen erhalten ist. Unter der bis ins Jahr 1387 dokumentierten Kapelle „Unserer lieben Frau" sprudelt noch heute ein Brunnen. Die alte Wallfahrtskapelle, zu der mehrere Kirchgängerwege aus den Dörfern rund um die Stiefelhöhe führen, ist Mitte des 16. Jahrhunderts verfallen.

Marias Heimweh

Nach der Überlieferung sollen Gläubige die wunderschöne holzgeschnitzte Marienfigur nach Abtsteinach getragen und dort aufgestellt haben. Doch die Lichtenklinger Madonna soll drei Mal heimlich an ihren Platz zurückgekehrt und erst beim vierten Versuch in Abtsteinach geblieben sein. Andere Sagen berichten von der Weißen Frau oder den Tanzenden Elfen, die der romantischen Ruine mystisches Leben verleihen. Im Jahre 1980 hat man die traditionellen Wallfahrten nach Lichtenklingen wieder aufgenommen. Jeweils zu Mariä Himmelfahrt ziehen die Gläubigen über die Stiefelhöhe zu „Unserer lieben Frau".

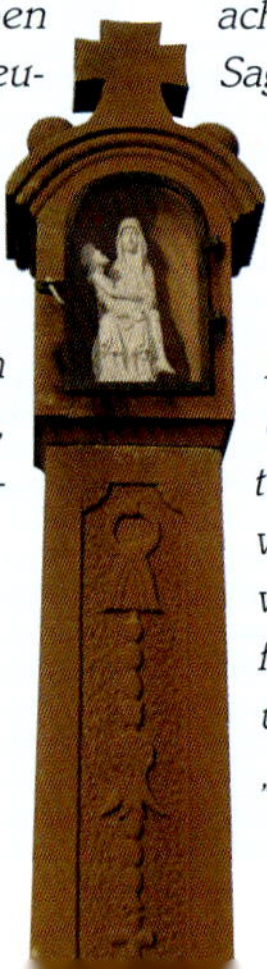

Gasthaus Goldene Krone

Gasthaus Goldene Krone
Inhaber: Rainer Seip
69253 Heiligkreuzsteinach-Eiterbach, Ortsstraße 35
Fon 06220/218

Öffnungszeiten	ab 12, im Winter ab 17 Uhr, Ruhetage Mo u. Do, Ferien Mitte Aug. bis Mitte Sept.
Plätze	Wirtschaft 40, Nebenzimmer 30, Saal 120, Terrasse 20
Höhe	316 m
Küche	Suppe aus der Schüssel, Wild aus eigenem Wald
Kinder	Kinderkarte, Spielplatz am Wald
Hunde	willkommen
Übernachtung	keine
Parken	beim Haus
Anfahrt	Heiligkreuzsteinach Richtung Eiterbach, Straße endet am NaturP Lichtenklingen
Haltestelle	50 m BusH Fachklinik
Ziele	Stiefelhöhe, Lichtenklinger Hof, Skilift Siedelsbrunn
Tipp	Schlachtfest, Campingplatz hinterm Haus
Wanderung	9 - Der Überwald

Idyll im Hüttenthal

Wanderer mögen überrascht sein, wenn wir ihnen eine Molkerei zur Rast und zum Einkehren empfehlen. Aber wer eher auf einem Glas Buttermilch steht als auf Apfelwein und deftigem Hüttenzauber, der ist in Hüttenthal bestens aufgehoben. Gegenüber dem Molkereilädchen bietet Britta Kohlhage mit ihrem schattigen Milchgarten ein regelrechtes Idyll bei Milch und Käse inmitten von Spielgeräten, Tieren und einem kleinen Teich.

Im Zeichen der Sonnenblume

In dieser Art öffnen sich immer mehr Odenwälder Betriebe ihren Gästen, als bäuerliche Vesperstube, als ländlicher Biergarten oder als Bauernhofcafé, ganz so wie anno dunnemals, als Wanderer überall willkommen waren und eben das getrunken und verzehrt haben, was der Bauer selbst erzeugt oder im Keller hatte. Die ersten Betriebe haben sich bereits unter dem Symbol der Sonnenblume zusammengeschlossen nach dem Motto „Essen und Trinken auf dem Bauernhof".

Ganz in diesem Sinne hat auch Britta Kohlhage vor ihrem Milchlädchen eine gemütliche und einladende Raststation eingerichtet. Hier können Wanderer und Ausflügler fri-

sche Kuh- oder Ziegenmilch genießen, dazu Hüttenthaler Käse und Butter aus dem Lädchen, und natürlich gibt es dort auch frisches Bauernbrot. Kenner haben sich den Dienstag im Kalender angekreuzt, denn immer dienstags bringt Andrea Arras frisches Holzofenbrot und selbstgemachte Marmeladen von Fürth-Linnenbach herüber nach Hüttenthal.

Ideal für Kinder

Viele Vespergäste bringen sich inzwischen ihre Tischdecke, Teller und Frühstücksbrettchen sogar selbst mit. Aber bei Bedarf hilft Britta Kohlhage gerne aus, und falls gewünscht, gibt es auch heißen Kaffee. Das gemütliche Plätzchen vor der Molkerei ist vor allem für Familien mit Kindern ideal. Hier finden sie Ziegen und Schafe, Pferde, Kühe oder Enten, denn die Molkerei steht in einem intakten Verbund mit dem benachbarten Talhof, der zu den Milchlieferanten der Molkerei gehört, und dem als besonders kinderfreundlich ausgezeichneten Waldhubenhof.

☞ Unser Tipp

Hüttenthal ist für Wanderer ein guter Ausgangspunkt für Tagestouren. Besonders empfehlenswert ist der im Mai 2006 eröffnete Mossautaler Drachenweg, der aus zwei Rundwanderwegen von 13 bzw. 14 Kilometern Länge besteht. Auf den Wegen durch Wiesen und Wälder erzählen Info-Tafeln vom Leben, den Sagen und Geschichten der Menschen in dieser Kernlandschaft des Odenwaldes. Da geht es um die Rindenklopfer und Heidelbeerleute, um das Schwarze Handwerk der Köhler oder das Lärmfeuer, das bei Gefahr auf den Berghöhen entzündet worden ist. Auf dem Drachenweg durch die Mossautaler Ortsteile begegnet man auch den alten Mossautaler Mühlen, der Wallfahrtskirche in Güttersbach oder dem mythischen Lindlbrunnen, an dem Siegfried möglicherweise sein Leben lassen musste.

Und noch etwas . . .

Von einst acht Molkereien im Tal ist Hüttenthal als einzige übriggeblieben, als kleinste unabhängige Molkerei in Hessen. Immerhin werden hier jährlich rund 5 Millionen Liter Milch zu verschiedenen Spezialitäten verarbeitet. Allen voran der europaweit geschützte Odenwälder Frühstückskäse, der überall als Handkäse angeboten wird. Andere Sorten nennen sich Hüttenthaler, Nibelungenkäse, Ziegenthaler" oder Kräuter-Zickli. Natürlich gibt es auch Butter und Milch, Quark und Schichtkäse und Kochkäse eimerweise.

Käse mit Tradition

Die kleine Privat-Molkerei im Mossautal beschäftigt 20 Mitarbeiter. Die Milch liefern 20 von Kurt Kohlhage sorgfältig ausgewählte Betriebe, vor allem aus dem Mossautal, aber auch aus Hammelbach oder Mörlenbach. Dazu kommen pro Woche rund 5000 Liter Ziegenmilch. Im Jahre 1900 ist die frühere Dampfmolkerei gegründet worden. Bereits 1912 konnte der damalige Betriebsleiter Wilhelm Kohlhage den Betrieb kaufen. Seither ist die Molkerei in Familienbesitz.

Hüttenthaler Milchgarten

Molkerei Hüttenthal
64756 Mossautal
Molkereiweg 1
Fon 060622/2665-0, Fax 060622/266526
Molkerei-huettenthal@t-online.de, www.molkerei-huettenthal.de

Mo bis Fr 8 – 17 (18*) Uhr/Sa 8 – 13 (14*) Uhr
* vom 1. April bis 30. September

Molkerei-Führung oder Buttern für Kinder auf Anmeld.

„Essen und Trinken auf dem Bauernhof"

Vesperstube **Eichelshof** mit Biergarten, Fon 060653/5278
Zwischen Bad König und Etzen-Gesäß
direkt am Mümlingtalradweg
Mi und Sa ab 14 Uhr, So und Feiertage ab 11 Uhr

Bauernhofcafé **Grünewalds**, Fon 06162/72425
64853 Otzberg-Oberklingen, Bachstr. 4
Mi und Do ab 18 Uhr, Fr bis So und an Feiertagen ab 14 Uhr

Bauerncafé & Vesperstub **„Zum Kirschgarten"**, Fon 06063/3343
64753 Brombachtal-Hemsbach, Dorfstr. 23
Fr ab 19:30 Uhr, Sa ab 14 Uhr, So und Fei ab 10 Uhr

Vesperstube **Hottenbacher Hof**, Fon 06167/445
64397 Modautal
Febr bis Nov: Fr ab 16 Uhr, Sa ab 14 Uhr, So ab 11 Uhr

Daumsmühle - Vesperstube und Biergarten Fon 06062/3836
64756 Mossautal-Unter-Mossau, Ortsstr. 96
Fr und Sa ab 18 Uhr, So ab 11 Uhr

Pfälzer Wurstkartoffel im Bischofswald

Die Mannheimer Hütte ist eine der wenigen von ehrenamtlichen Helfern bewirtschafteten Hütten im Odenwald. 1927 erfüllten sich die Mitglieder der Ortsgruppe Mannheim des Odenwald-Klubs den Wunsch nach einem zweiten Standbein neben dem Eichelberg-Turm bei Oberflockenbach. Am Bischofswald hinter Neckarsteinach, in einer Haarnadelkurve der Straße hoch nach Darsberg, bauten sie sich ihre zweite Hütte, einen grünen Balkon hoch über der Neckarschleife. Gegenüber liegt der Dilsberg, zur Rechten die berühmten Vier Burgen von Neckarsteinach. Dieser Blick, das freundliche Hüttenpersonal und vor allem der Erbseneintopf sind die Trümpfe der Mannheimer Hütte. Nicht selten nehmen sich Stammkunden die leckere Erbsensuppe im Henkelmann mit nach Hause.

Beste Hüttenkost

Das Speiseangebot ist beste Hüttenkost. Neben dem Eintopf stehen Würste auf der Karte sowie Saumagen und Leberknödel, dazu Brot mit Käse, Wurst oder Schmalz. Ehrensache, daß die Kuchen alle selbst gebacken sind. Ein Geheim-Tipp ist das Tagesangebot, das nicht auf der Karte steht. Mal sind das Krautwickel oder auch mal Pfälzer Wurstkartoffel, eine Art Wandererfrühstück aus Bratkartoffeln und Blutwurst.

Die weitgehend von den Mitgliedern des Odenwald-Klubs selbst gebaute Hütte diente in den ersten Jahren vielen Mannheimer Familien als preiswertes Urlaubsdomizil. In den letzten Kriegs- und frühen Nachkriegsjahren waren oben am Bischofswald auch Flüchtlinge untergebracht. Heute wird es zusehends schwieriger, ehren-

amtliche Helfer zu finden für den Hüttendienst.

An der Mannheimer Hütte führen mehrere Fernwanderwege vorbei wie der R1 von Mainz nach Gundelsheim sowie fünf Rundwanderwege, darunter der Philosophenweg und der Goethe-Blick-Weg, der zu einem der spektakulärsten Ausblickspunkte des gesamten Odenwaldes führt. Über die Wege 11 und 5 kommt man in gut 30 Minuten in das Örtchen Darsberg mit seiner frisch restaurierten Kapelle. Diese besitzt mit ihrem spätgotischen Flügelaltar ein kulturhistorisches Kleinod von hohem Rang. Der fünfteilige Altar stammt von einem unbekannten Meister wohl aus der Mitte des 15. Jahrhunderts. Seine ganze Pracht zeigt der Altar nur an hohen Feiertagen, wenn er zu seiner vollen Schönheit aufgeklappt wird.

☞ Unser Tipp

Unter dem Namen Mannheimer Hütte betreibt der Odenwaldklub Mannheim auf dem 525 m hoch gelegenen Eichelberg bei Oberflockenbach noch einen zweiten Wanderstützpunkt. Der 1911 eröffnete Turm aus Odenwälder Granit ist zwar nur zwölf Meter hoch, ermöglicht aber eine traumhafte Rundumsicht. Da es auf dem Eichelberg weder Strom noch Wasser gibt, müssen die Helfer alles selbst den Berg hinaufbringen. Gekocht wird in dem engen, urgemütlichen Turmzimmer, in dem rund 25 Gäste Platz finden. Das Oberstübchen des Eichelbergturmes bietet weitere 25 Plätze. Auf der Speisekarte finden wir Erbsensuppe, Heiße Wurst und selbstgebackenen Kuchen. Geöffnet ist die Eichelberghütte von Ostern (spätesten ab dem 1. Sonntag im April) bis Ende November an Sonn- und Feiertagen ab 10 Uhr (nicht Oster- und Pfingstmontag). Bei Schnee bleibt die Hütte geschlossen, weil die Helfer nicht den Berg hinaufkommen.

Und noch etwas . . .

Die Neckarschleife bei Neckarsteinach gehört zu den landschaftlichen Höhepunkten des gesamten Odenwalds. Auf der linken Seite die Burgfeste Dilsberg, gegenüber die Vier Burgen von Neckarsteinach. Die älteste von ihnen ist die Hinterburg, die um 1100 erbaut wurde, wohl vom Großvater des Minnesängers Bligger II. von Steinach (1152 – 1210). Der Dichter gehörte zur Entourage der Stauferkaiser und ist in der Großen Heidelberger Liederhandschrift mit drei Liedern vertreten. Da jeweils der älteste Nachkomme die Burg erbte, mußten sich die Jüngeren selbst umsehen. Und so sind wohl gegen 1165 die Mittelburg, gegen 1200 die Vorderburg und gegen 123o die Burg Schadeck entstanden, die wegen ihrer spektakulären Lage am Hang im Volksmund auch Schwalbennest genannt wird. Die Vorder- und Mittelburg gehören heute den Freiherrn von Warsberg, die beide Burgen auch bewohnen.

Mannheimer Hütte

Mannheimer Hütte
Inhaber: Odenwaldklub Ortsgruppe Mannheim
Darsberger Straße 121
69239 Neckarsteinach
Fon 0151/10317013

Ende März bis Ende Oktober Sa, So und Fei ab 9 Uhr, mittwochs für Gruppen auf Anmeldung (Gisela Rebitzer 0621/407300)
55 in 2 Räumen, 100 außen, 30 Pavillon
250 m
Erbsensuppe, hausgemachte Tagesangebote
Spielmöglichkeit im Wald
willkommen
keine
NaturP Kaisereiche, 5 Min. Fußweg, oder Parkstreifen nach der Spitzkehre
Neckarsteinach Richtung Darsberg
S 1 bis Neckarsteinach, noch 30 Min
Dilsberg, Burgen von Neckarsteinach, Darsberger Kapelle
Grillfeste 1. Mai, Fronleichnam, 3. Oktober, Helfer arbeiten ehrenamtlich, Erlös für die Hütte
13 – Neckartal-Odenwald 12 – Heidelberg, Neckartal-Odenwald

Hier kann man die Ruhe hören

Wo, um Himmels willen, liegt Raubach. 60 Einwohner, 23 Häuser, zwischen Finkenbach und Ober-Schönmattenwag in 450 Metern Höhe auf einem Wiesensattel ausgeschüttet, als hätte der Schöpfer fürs Paradies geübt. Hier ist die Heimat des legendären Raubacher Jockel, und hier finden wir den Landgasthof Raubacher Höhe.

Eigentlich wollten sich Lieselotte und Gottlieb Brotz vor mehr als 40 Jahren nur ein Ferienhäuschen bauen. Ein Kumpel von den Motorenwerken in Mannheim hatte sie auf Raubach aufmerksam gemacht. Und wie das Leben manchmal so spielt, aus dem Ferienhäuschen wurde eine kleine Pension mit Caféstube und Schritt für Schritt ein stattlicher Landgasthof. Schuld daran ist wohl auch die alte Dorfwirtschaft, denn dort – so erzählt man sich – bekamen „dem Brotz sei Gäscht nix zu esse". Also mußte der Brotz selber kochen.

Bettina brotzelt

Und dafür ist Bettina zuständig, eine von drei Schwestern, die inzwischen den Laden managen. Bettina „brotzelt" in der Küche, Anette und Heike betreuen die Gäste. Die Küche der „Raubacher Höhe" ist bodenständig regional und orientiert sich an frischen Produkten je nach Saison. Vieles ist hausgemacht, wie Spätzle oder Knödel, die Pilze wachsen quasi vor der Tür („in guten Jahren kann man sie fast mit der Sense mähen"), Wild und Lamm kommen aus der Nachbarschaft, und ansonsten fahren die Mädels von der „Raubacher Höhe" gerne mal „hääm nach Mannem" auf den Markt. Auch dort kennen sie ihre Lieferanten.

Jockels Vesper

Die Gaststube ist urgemütlich, alles in hellem, massivem Holz und liebevoll dekoriert. Im Sommer hat man von der Terrasse einen traumhaften Blick über den Odenwald. Der Renner auf der Karte ist „Jockels Vesper", ein deftiges Brett mit Odenwälder Rauchfleisch, Schwartenmagen und Handkäse. Ansonsten bietet die „Raubacher Höhe" das ganze Jahr über Spezialitätenwochen, mal badisch, mal Lamm, mal Grünkern oder Kartoffel, immer traditionell, mitunter auch originell. Dann gibt es Ochsenbrust oder eingemachtes Kalbfleisch, Kartoffelstrudel oder „Rossäpfel im Heu".

Kein Scherz: für Pferde gibt es eine eigene kleine Übernachtungswiese. Denn neben Autofahrern und Bikern sind es vor allem Wanderer zu Fuß oder auch hoch zu Roß, die den Weg nach Raubach finden. „Zu uns kommt, wer grad Ausgang hott", meint Heike Brotz, die wieselflink und immer gut gelaunt ihre Gäste betreut. Sie kennt und schätzt aber auch die stillen Seiten des Odenwaldes. „Bei uns kann man die Stille hören", sagt sie und erzählt von Orchideen und seltenen Farnen, von Wollgras und fleischfressenden Pflanzen im Naturschutzgebiet „Rotes Wasser" oder vom Auerhahn im Tal

von Dürr-Ellenbach, dem versunkenen Dorf.

☞ Unser Tipp

Wer gute Ohren hat, der kann im Frühjahr rund um Raubach die Paarungsrufe von Luchsen hören als helles, monotones Bellen, ähnlich wie bei Füchsen. Nach rund 150jähriger Abwesenheit hat sich die Großkatze in den letzten Jahren in diesem besonders waldreichen Teil des Odenwaldes wieder angesiedelt. Der im Forsthaus Saubuche zwischen Raubach und Olfen lebende Biologe Gerhard Sauer hat als Luchsbeauftragter des Landes Hessen in dieser Gegend eindeutige Spuren der bis zu 30 Kilogramm schweren Tiere gefunden, sogar Spuren von Jungtieren. Die Wildkatze mit den Pinselohren lebt von Nagetieren, Vögeln oder Füchsen, reißt aber auch einmal ein Schaf oder ein Reh. Der Luchs ist ein überwiegend nachtaktives, aber nicht besonders scheues Tier. Angriffe auf Menschen sind nicht bekannt.

Und noch etwas . . .

Der Raubacher Jockel hatte nichts gelernt, aber er konnte alles. Er meisterte sein Leben als Waldarbeiter und Köhler, als Gemeindediener und Totengräber, als Uhrmacher und Schweinebeschneider, vor allem aber als Musiker. Er kannte keine Noten, beherrschte aber die Trompete und die Querflöte, die Ziehharmonika und vor allem die Baßgeige, seine „schwarze Kattl“. Mit ihr zog der Jockel durch die Dörfer, ganz nach dem Motto des alten Odenwälder Tanzliedes: „Holt der Deibel auch die Welt, Lustigsein ist Trumpf, und so lang der Stiefel hält, braucht man keinen Strumpf.“ Die schönsten und besten Geschichten über ihn findet man in der Broschüre „Die Raubach und ihr Jockel“, die für 2,50 Euro in der „Raubacher Höhe“ zu haben ist. Jakob Ihrig, wie der Jockel bürgerlich hieß, ist am 5.5.1866 in Raubach geboren und am 24. 10. 1941 mit 75 Jahren an Altersschwäche gestorben, arm und einsam in einer Dachkammer. Sein Grab finden wir auf dem Raubacher Waldfriedhof.

Landgasthof Raubacher Höhe

Landgasthof Raubacher Höhe
Inhaber: Heike Brotz, Anette Bartmann, Bettina Knobloch
Am Waldesrand 11
64757 Rothenberg-Raubach
Fon 06068/2183, Fax 06068/478196
www.landgasthof-raubacherhoehe.de

täglich warme Küche von 11:30-21 Uhr, im Winter nur am Wochenende

50 im Restaurant, 90 in 4 Nebenzimmern, 40 Terrasse

450 m

Wild, Lamm, Jockels Vesper, Rossäpfel im Heu

Kinderkarte

willkommen

15 Gästezimmer (Sauna, Solarium, Massage, Fitness ÜF ab 30 Euro

am Haus

Hirschhorn-Beerfelden, in Finkenbach Richtung Raubach oder über Wald-Michelbach, Ober-Schönmattenwag

S 1 bis Hirschhorn, weiter mit Rufbus (9o Min. vorher anmelden 06062/943394)

Sonderwochen zu Themen wie Grünkern oder Lamm, Wandern ohne Gepäck

9 – Der Überwald, 10 – Beerfelder Land

Kinder-Eldorado Mannswiese

Die Schriesheimer Hütte hat sich im Laufe der Jahre zu einem beliebten Wanderstützpunkt für die badische Bergstraße entwickelt. Wer aus dem Raum Schriesheim oder Hirschberg in den Odenwald wandert, für den ist das Naturfreunde-Haus auf der Mannswiese ein attraktives Ziel. Zum einen hat sich die Hütte, auch wenn sie längst zu einem stattlichen Haus ausgebaut ist, ihren gemütlichen Charakter erhalten, zum andern können sich Kinder und Jugendliche auf der großen Wiese austoben.

Die ehrenamtlich geführte Hütte ist von Anfang April bis Ende Oktober an den Wochenenden geöffnet. Aber ähnlich wie der Odenwaldklub tun sich auch die Naturfreunde immer schwerer, freiwillige Helfer für den Hüttendienst zu finden. Deshalb bietet das Haus auch keine Übernachtungen mehr an.

Einfache Hüttenkost

An der Selbstbedienungs-Theke gibt es einfache Hütten-Kost, eine heiße Wurst oder Erbseneintopf für jeweils 2 Euro oder ein Wandervesper, natürlich auch Kaffee und Kuchen. Im Ausschank ist selbstverständlich Schriesheimer Wein, das Viertel (!) für 2 Euro bis 2,50 Euro. Der Obstler kostet 1 Euro. Natürlich gibt es jede Menge alkoholfreie Getränke.

Zur Schriesheimer Hütte führen viele Wege, gleich mehrere aus Schriesheim selbst oder aus Hirschberg. Man ist zu Fuß 45 bis 100 Minuten unterwegs, je nachdem, welche Strecke man wählt. Den kürzesten Anmarsch von maximal einer halben Stunde hat man von der Ursenbacher Höhe oder aus Richtung Rippenweier von den Parkplätzen Judenberg oder Röckelsberg. Am besten folgt man immer der Wegemarkierung „N". Neben den Wanderern finden auch viele Biker den Weg ins Weite Tal zur Schriesheimer Hütte.

Eigene Schutzhütte

Der Wunsch nach einer eigenen Schutzhütte ist bei den Schriesheimer Naturfreunden fast so alt wie die Gruppe selbst. Nach dem Verbot der Naturfreunde-Bewegung während der Nazizeit machten sich die Schriesheimer Wanderfreunde gleich 1946 an die Arbeit.

Ungezählte Arbeitsstunden

In Eigenarbeit und in ungezählten Arbeitsstunden bauten sie aus einer Blockhütte ein staatliches Naturfreundehaus auf der großen grünen Mannswiese. Pünktlich zum 25jährigen Bestehen der Ortsgruppe im Jahre 1954 konnte das Prachtwerk den Wanderern übergeben werden.

Tugend in der Not

Eine ihrer dunkelsten Stunden mussten die Schriesheimer Naturfreunde 1967 erleben, als Brandstifter der Hütte schwer zusetzten. Doch aus der Not erwuchs die alte Tugend der Naturfreunde: Sie erweiterten und modernisierten das Haus und gaben ihm bis 1970 sein heutiges Gesicht.

☞ Unser Tipp

Das Bergwerk Anna Elisabeth führt auch Gruppen wie Kindergeburtstage, Schulklassen oder Vereine. Natürlich muss man sich vorher anmelden. (06203/68167, www.bergwerk-schriesheim.de.

Neben den normalen Führungen werden auch Erlebnisführungen angeboten mit Einbindung der Tiefsohle, die 18 m unter die Erde führt. Ende Juli/Anfang August steht das Bergwerksfest im Kalender, und am 31. Oktober wird es gruselig in den Stollen, dann ist Halloween im Bergwerk.

Und noch etwas . . .

An vielen Stellen des Odenwaldes stößt man auf Spuren des früheren Erzabbaus. Das wohl eindrucksvollste Zeugnis ist die „Grube Anna Elisabeth" im Schriesheimer Tal, die von Ende März bis Ende Oktober immer sonntags als Besucherbergwerk offen ist. Wohl einhundert Jahre lang hat man hier Silber gewonnen, bis die Grube im Jahre 1545 zunächst stillgelegt worden ist. Später suchten viele Betreiber, aus der alten Silbergrube eine Goldgrube und mit dem Abbau von Vitriolerzen ihr Glück zu machen. Unter ihnen soll auch der Mannheimer Opersänger Sebastiano de Sico gewesen sein. Als 1817 endgültig Schluß war, hatte Anna Elisabeth immense Schulden angehäuft.

Gänzlich ersoffen

Der badische Staat hat das Schriesheimer Bergwerk schließlich in einer Lotterie verscherbelt, nachdem es „ins Stokken geraten und gänzlich ersoffen" war. Im letzten Krieg dienten die alten Stollen als Luftschutzbunker, danach hat man die Zugänge verfüllt. An diesem historischen Platz sollten später dann Wohnungen gebaut werden. Doch eine Handvoll Schriesheimer Bürger wehrte sich engagiert und couragiert gegen diese Pläne, bis das alte Bergwerk gerettet und ein eindrucksvolles Zeugnis Odenwälder Geschichte erhalten war.

Vorbildliche Bürger

Das Land Baden-Württemberg würdigte die Bergwerksretter später als „vorbildliche Bürgeraktion". Inzwischen sind das Bergwerk und die aus dem 18. Jahrhundert stammenden Außenanlagen hervorragend restauriert. (06203/ 68167)

Schriesheimer Hütte

Naturfreundehaus Schriesheimer Hütte
Inhaber NF Schriesheim,
Kontakt: Hannelore u. Heinrich Höfer 06203/62973
69198 Schriesheim
Fon 06201/23634
www.schriesheim.de/naturfreunde/index.htm

	Apr bis Ende Okt Sa 14 – 18, So/Fei 10 – 18 Uhr (außer Karfreitag u. Fronleichnam)
	50 (25 in separatem Gruppenraum), außen 100
	360 m
	Erbseneintopf, heiße Wurst, Schriesheimer Wein
	Spielgeräte, große Spielwiese
	willkommen
	keine
	begrenzt möglich
	über Schriesheimer Tal in Weites Tal
	BusH der OEG: Weites Tal, Schwimmbad und Ursenbacher Hof, 45 bis 60 Minuten Fußweg
	Besucherbergwerk, Spatschlucht, Théo-Kerg-Museum
	Familiennachmittag am 1. Mai
	Nr. 12 – Heidelberg Neckartal-Odenwald

Waldgaststätte Stiefelhütte

Wanderrast im Grenzland

Franz Hechler ist der Höchstgeborene im gesamten Rhein-Neckar-Kreis. Nur der Wirt der Stiefelhütte und seine Schwester Gudrun sind hier oben auf 550 Metern Höhe im Grenzland zwischen Hessen und Baden-Württemberg zur Welt gekommen. Mit insgesamt vier Einwohnern ist die Stiefelhütte der kleinste Ortsteil des baden-württembergischen Heiligkreuzsteinach, aber postalisch gehört sie zum hessischen Unter-Abtsteinach, weil es für den Briefträger nur halb so weit ist.

Zur Stiefelhütte, einer der wenigen dauerhaft bewirtschafteten Hütten des gesamten Odenwaldes, gehören noch drei kleinere Häuschen, Relikte des alten Sandsteinbruches auf der Stiefelhöhe. Als in den zwanziger Jahren des vorigen Jahrhunderts der Steinbruch stillgelegt worden ist, schlug die Stunde von Eduard Hechler, dem Vater des heutigen Hüttenwirts, einem begeisterten Bergsteiger und Wanderer.

Der schönste Platz

Gemeinsam mit seinen Mannheimer Bergfreunden suchte er damals nach dem schönsten Platz im Odenwald und fand ihn hier auf dem Abraum des Lammer'schen Steinbruchs. Für 300 Reichsmark kaufte er das alte Bürogebäude, die heute als Ferienhaus genutzte „Grenzstation", deren Fensterläden standesgemäß in den Grenzfarben rot und blau gestrichen sind. Durch dieses Häuschen läuft die Landesgrenze.

Eduard Hechler baute hier oben die erste größere Hütte, eine Art Jugendherberge für Wanderer und Kletterer. Erst 1974 kam Elektrizität auf die Stiefelhütte, sieben Jahre später die Wasserleitung. In dieser Zeit gab Franz Hechler der Hütte ihr heutiges Bild. Er wurde auch privat zum Grenzgänger, denn seine Frau Doris, die heute die Hüttenküche und den Service an der Selbstbedienungstheke bewältigt, fand er im hessischen Flecken Schnorrenbach, gleich hinter der Grenze.

Bienenstich und Linzer

Doris Hechler hat typische Hüttenkost auf der Karte: Hausmacher Wurst, Lauchcremesuppe, Speckeier oder Gulasch, den obligatorischen Handkäse und natürlich selbstgemachten Kochkäse. Stolz ist sie auch auf ihre Kuchen, speziell die Linzertorte und den Bienenstich. Im gemütlichen Gastraum ist Platz für rund 40 Gäste, im Freien sind die Möglichkeiten trotz der Grenzlandsituation nahezu unbegrenzt.

Die Stiefelhütte liegt mitten in einem Geflecht von Wanderwegen in jeder Länge und für jeden Anspruch. Nur ein paar Gehminuten sind es zur 584 Meter hohen Stiefelhöhe, der höchsten Erhebung des Rhein-Neckar-Kreises. Wie ein Scheitel läuft die Landesgrenze genau über die Höhe.

Steinerne Bank

Auf dem Weg nach oben lohnt sich ein kleiner Umweg zur „Steinernen Bank", auf der gut und gerne ein Dutzend Wanderer Platz finden. Es lohnt sich, mit wachen Augen weiter zu wandern. Denn immer wieder stößt man auf der Stiefelhöhe auf irgendwelche Grenzsteine, die weltliche Macht und politische Zuständigkeiten dokumentieren. Aber auch religiöse Zeugen lohnen einen Umweg. So geht man in etwa 20 Minuten zum Lichtenklinger Hof, einem alten Quellheiligtum, das noch in eindrucksvollen Ruinen erhalten ist.

Unser Tipp

Egal aus welcher Himmelsrichtung man sich der Stiefelhütte nähert, man muss eigentlich nur dem roten Weinglas folgen, das an allen wichtigen Wegkreuzungen zeigt, wo der Wanderer einkehren kann. An diesen Punkten finden man auch die notwenige Information, wenn die Hütte einmal wegen Betriebsferien geschlossen ist.

Und noch etwas . . .

Der Steinbruch auf der Stiefelhöhe gab in seiner Glanzeit rund zwei Dutzend Familien Brot und Arbeit. Von hier aus fuhren vierspännige Pferdefuhrwerke nach einem Zwischenhalt beim „Löwen" in Weinheim Sandsteine nach Schwetzingen und Heidelberg, die dort für die Restaurierung der Schlösser benötigt wurden. Die Frauen der Steinbrucharbeiter schleppten ihren Männern täglich das Essen aus den umliegenden Dörfern hinauf auf die Stiefelhöhe, meist in Körben, die auf dem Kopf getragen wurden. Eine besonders spektakuläre Arbeit der Steinmetze steht nur wenige Meter von der Stiefelhütte entfernt. Die Steinerne Bank war eine Auftragsarbeit für eine Weinheimer Firma. Als dieser jedoch das Geld ausging, stellte Meister Johannes Lammer 1905 das schwere Stück einfach in den Wald, mit einem herrlichen Blick über das Eiterbachtal.

Waldgaststätte Stiefelhütte

Waldgaststätte Stiefelhütte
Inhaber: Franz und Doris Hechler
69518 Abtsteinach
Fon 06220/1466

(Öffnungszeiten)	tägl. 10 – 18 Uhr, Do Ruhetag (wenn Do Feiertag, rückt Ruhetag auf Fr), Betriebsferien durch Anschläge im Wald angezeigt
(Plätze)	40, Nebenzimmer 50, außen 100
(Höhe)	555 m
(Küche)	Lauchcremesuppe, Hausmacher Wurst, Handkäse, Obstwein, Linzer Torte, Bienenstich
(Kinder)	Spielplatz
(Hunde)	willkommen
(Übernachtung)	keine
(Parken)	keine
(Auto)	Siedelsbrunn, oder NaturparkP Lichtenklingen in Eiterbach
(Haltestelle)	mit Bus von Weinheim bis Siedelsbrunn, 40 Min. Fußweg, dem roten Weinglas folgen
(Angebote)	Kräuterfrau, Wanderungen und Navigationstraining des Geopark-Zentrums Abtsteinach, Wanderkarten
(Tipp)	Stiefelhöhe, Steinerne Bank, Lichtenklinger Hof
(Wanderwege)	8- Bergstraße – Weschnitztal, 9 - Überwald, 12 – Heidelberg – Neckartal-Odenwald

Mit Blasmusik zum Wanderziel

Paris ist zwar weit, aber Korsika und Straßburg liegen gerade um die Ecke. Und dennoch ist Schönbrunn so abgelegen, dass man es kaum glauben mag. Zehn Häuser, drei davon bewohnt, auf dem Höhenzug zwischen Eiterbach- und Ulfenbachtal, wie ausgeschüttet am Südhang einer lieblichen Mulde. Hier kommt man nicht einfach vorbei. Hier muss man hinwollen. Und deshalb nennt sich die Waldgaststätte auch selbstbewusst Wanderziel Schönbrunn.

Angefangen hat alles mit dem Drang von Opa Franz Ballmann zur Blasmusik. Der Schönbrunner Bauer zog vor einem halben Jahrhundert am Vatertag mit seinen Kumpels aus Straßburg, Kosika oder Schönmattenwag hinauf auf die grüne Wiese. Dort konnten sie blasen, bis es Abend wurde. Apfelwein lag ja genügend im Keller, und von der Hausschlachtung war auch einiges übrig. Allmählich zog es immer neue Gruppen sommers den Berg hinauf, und die legten so den Grundstein für die heutige Wirtschaft im Walde.

Ställe abgerissen

Als es mit der Landwirtschaft Ende der 80er Jahre weniger wurde, rissen die Ballmanns den alten Keller, das Backhaus, den Schweine- und den Hasenstall ab und bauten ein Haus mit großem Wohnzimmer und einer herrlichen Terrasse, die heutige Gaststätte. Hier sorgt Gudrun Ballmann für das Wohl der Wanderer, serviert Rühreier mit Speck (3 Euro), Hausmacher Wurst und Schinken, hausgemachte Bratwurst, selbstgebackenen Kuchen oder Koch- und Handkäse nach Odenwälder Art (3,20 Euro). Die eigentliche Spezialität steht aber nicht auf der Karte: Handkäse mit Musik und einer Scheibe Schwartenmagen. Aber wer danach fragt, hört ganz bestimmt kein Nein.

Spuren im Wald

Die frühe Geschichte des Weilers Schönbrunn liegt weitgehend im Dunst. Man erzählt sich von der ersten Erwähnung 1518, von einer Waldarbeitersiedlung, von einem alten Bergwerk und heute noch sichtbaren Spuren von Stollen. Gesichert ist für das Jahr 1803 ein Forsthaus in Schönbrunn mit einer späteren Saatschule. Auch die Vorfahren von Erich Ballmann lassen sich in diese Zeit zurückverfolgen. Das Türgewand seines Elternhauses weist die Jahreszahl 1825 aus. Zu jener Zeit lebten an die 50 Menschen in dem Ort. Heute sind es gerade noch acht.

Auf dem Weg ins Tal kreuzt man das alte „Schulpädel", das die Schönbrunner Kinder nach Korsika führte, die Kärchelshohl oder die Heuhohl, auf denen die Bauern Heu und ihren Mist transportierten. Wache Augen entdecken vielleicht auch die Reste des einst stattlichen Schönbrunner Hofs, der längst im Wald untergegangen ist. Sein letzter Besitzer endete im Armenhaus.

☞ Unser Tipp

Wer die Abgeschiedenheit eines noch weitgehend intakten Odenwald-Tales zu schätzen weiß, sollte sich Dürr-Ellenbach vornehmen. Das beschauliche Tal mit seiner schützenswerten Pflanzen- und Tierwelt begleitet den kleinen Bach über seine gesamte Länge von rund fünf Kilometern, bis er in den Ulfenbach einmündet. Ein guter Einstieg ist beim Brechloch am Ortsausgang von Ober-Schönmattenwag Richtung Raubach. Der fast ebene Weg folgt teilweise dem ältesten deutschen Naturlehrpfad. Am oberen Ende des Tales stößt man auf die letzten Reste des ehemaligen Dorfes Dürr-Ellenbach, von dem nur noch das denkmalgeschützte alte Forsthaus aus dem Jahr 1793 und zwei Scheunen übrig geblieben sind. 1829 standen hier noch fünf Höfe mit 52 Einwohnern. Doch in dieser Zeit der politischen Neuordnung und bitterer Armut im Odenwald erlebte Dürr-Ellenbach ein ähnliches Schicksal wie die Dörfer Galmbach, Neubrunn oder Ferdinandsdorf. Zunächst verschwand die Mühle, dann die Brennerei und schließlich auch der Köhler. 1936 war Dürr-Ellenbach mit 4 Einwohnern das kleinste Dorf Deutschlands.

Und noch etwas . . .

Die Markierung der Wanderwege im Odenwald folgt einem einfachen System. Da wird unterschieden in örtliche und in Rundwege des Naturparks und Fernwanderlinien. Die Rundwege der Gemeinden erkennt man an der weißen Ziffer in einem weißen Kreis. In dem oben offenen Kreis steht der Kennbuchstabe für die jeweilige Gemeinde, also H für Hammelbach oder BK für Bad König. Die kommunalen Wege beginnen und enden in der Regel an einem Parkplatz im Ort. Die Rundwege des Naturparks gehen von den eigens ausgeschilderten Naturpark-Parkplätzen aus. Sie sind durch einen gelben Kreis mit einer gelben Nummer markiert. Die Wanderlinien des Odenwaldklubs, sind mit farbigen Symbolen wie Kreis, Raute, Viereck oder Kreuz gekennzeichnet. Als Grundregel gilt: Die mit einem weißen Spiegel unterlegten roten und blauen Zeichen führen in Nord-Süd-Richtung, die weißen und gelben Symbole in Ost-West-Richtung. Manchmal ist es nicht ganz einfach, eine durch Pfeile angezeigte Abzweigung zu lesen. Da hilft es oft, wenn man sich das Zeichen gedanklich vor die Füße legt.

Waldgaststätte Schönbrunn

Waldgaststätte Wanderziel Schönbrunn
Inhaber: Gudrun u. Erich Ballmann
Schönbrunn 23
69483 Wald-Michelbach
Fon 06207/1714, www.wanderziel.eu

	Fr, Sa, So/Fe ab 12 Uhr, oder nach Vereinbarung
	25, außen 80
	480 m
	Hausmacher Vesper, Kochkäse, Kuchen
	Naturspielplatz
	willkommen
	keine
	Siedelsbrunn/Zollstock, Sportplatz Unterschönmattenwag, NaturparkP Eichköpfel, NaturparkP Lichtenklinger Hof, noch jeweils 60-75 Min. Fußweg
	Hirschhorn – Schönmattenwag oder Birkenau – Absteinach – Siedelsbrunn oder Kreidacher Höhe
	BusH Siedelsbrunn oder Schönmattenwag
	Dürr-Ellenbach
	Pferdewiese
	9 – Der Überwald

Gasthaus Zum Jöste Andres

Handkäse mit Hausmusik

Der Jöste Andres ist Kult. Von Frankfurt bis Freiburg und von Mannem bis Mumbach gilt die urige Apfelweinwirtschaft als Synonym für Odenwälder Gemütlichkeit. Und fragt man den Jöste Peter, der das Haus in der über 150jährigen Familientradition heute führt, nach den Gründen, bringt er es spontan auf den Punkt: „Weil alles so is, wie's immer schunn war."

Gemütlichkeit pur

Schon immer gaben die niedrige Decke mit den dunklen Holzbalken, der Holzfußboden und die blanken Tische dem Wirtshaus sein warmes und gemütliches Flair. Und schon immer stehen die Tische so eng aneinander gereiht, dass man seinem Nachbarn gar nicht ausweichen kann, sondern Teil einer geselligen Runde ist. Odenwälder Gemütlichkeit pur. Wenn dann zu später Stunde die Temperatur über den Tischen steigt, schlägt die Stunde des Säuferbalkens, der drohend an der Decke hängt.

Rustikal und deftig ist beim Jöste Andres auch die Speisekarte. Da gibt es Schmalzbrot (1,80 Euro) oder Weißer Käse mit Zwiebeln (3,30 Euro), Hand- oder Kochkäse und Hausmacher, aber auch Leberknödel oder Haxe und natürlich das obligatorische Kochkässchnitzel. Das Viertel selbst gemachter Apfelwein kostet einen Euro. Während Anke und Peter Jöst für den Service und die Stimmung sorgen, machen Tochter Barbara und Sohn Alexander die Küche.

Musik von Hand gemacht

Immer sonntags tanzt der Apfelwein im Glas, wenn von zehn bis halbeins die „Original Odenwälder Teufelsgeiger" zum Frühschoppen aufspielen. Wenn Peter Jöst, der noch mit seinem Vater Ernst diese Truppe gegründet hat, seine Teufelsgeige rausholt oder den „Odewälder Howwel" schrubbt, dann brummt die Bude beim „Jöste Andres". Freitagabends macht eine Kammer-Besetzung der Teufelsgeiger Odenwälder Stubenmusik, mit eigenen oder traditionellen Odenwälder Liedern, dem „Appelwoi-Blues" „oder lauter so 'm Quatsch".

Handgemachte Musik gab es im Hause Jöst „schunn immer". So besitzt Peter Jöst in-

zwischen eine respektable Sammlung mit gut 20 Akkordeons und einem halben Dutzend alten Zithern. Zwei davon hängen im Hasenstall, eine in der Scheuer. Unter der Scheuer, im Apfelweinkeller, verbirgt sich ein kleines Museum mit alten Tonfässern, Fass-Hahnen und anderen Raritäten. Die weit über 100 Jahre alten massiven Sauerkrautbehälter aus Odenwälder Sandstein stehen im Hof als riesige Blumenkübel.

Nikolaus vom Jöstegut

Die frühe Geschichte des alten Bauernhofs ist weitgehend verstaubt. Erst mit Nikolaus Jöst, 1792 auf dem Jöstegut in Wünschmichelbach geboren, kommt die Familie Jöst ins Spiel. Denn Nikolaus heiratete eine der sechs Töchter des Bauern Reinhard, der das alte Anwesen nach einem Blitzschlag wieder aufgebaut hatte. Nikolaus wurde Bürgermeister in Rittenweier und bewarb sich 1854 mit seinem Sohn Johann Adam um das frei gewordene Schankrecht im Ort. Dessen Enkel, der legendäre „Jöste Andres“, hat dann die typische Odenwälder Bauernwirtschaft mit Hausmusik so geformt, wie wir sie heute kennen.

☞ Unser Tipp

Wer zum ersten mal zum „Jöste Andres“ will, der darf nicht nach Ritschweier fahren oder nach Rippenweier, sondern nach Rittenweier in den Ritschweierer Weg. Am besten kommt man aber zu Fuß. Entweder läuft man die knappe Stunde von Großsachsen hoch oder man geht einen der Rundwanderwege zum Hundskopf oder zum Eichelberg.

Und noch etwas . . .

Die Teufelsgeige, woanders auch Bumbass genannt, ist ein richtiges Lärm- und Krachinstrument. Sie ist seit dem 17. Jahrhundert vor allem in Süddeutschland bekannt und im Odenwald an verschiedenen Orten noch populär. Die Teufelsgeige besteht aus einem mit einem Teufelskopf verzierten Holzstock und ist mit Schellen, kleinen Becken oder Glocken bestückt. Sie wird mit einem Bogen gestrichen und rhythmisch auf den Boden gestoßen. Peter Jöst, der seine Geigen natürlich selbst baut, benutzt als Resonanzboden einen abgeschnittenen Sauerkraut- oder Gurken-Eimer.

Peter Jöst – der Teufelsgeiger

Gasthaus Zum Jöste Andres

Gasthaus Zum Jöste Andres
Inhaber: Peter und Anke Jöst
69469 Weinheim-Rittenweier
Ritschweierer Weg 12
Fon 06201/51207
Fax 06201/52595

	ab 16:30 Uhr, So und Feiertage ab 10 Uhr Mi und Do Ruhetag, Betriebsferien nach Weihnachten
	80 in zwei Gasträumen im Sommer 50 im Biergarten, 40 in der Scheuer
	Spielgeräte vorm Haus
	willkommen
	keine
	am Haus
	Bus-Haltestelle 100 m, OEG-Haltestelle Großsachsen
	Zum Kalten Herrgott, Sühnekreuze und Suppenschüssel in Steinklingen, Eichelberg,
	Odenwälder Musik So Vormittag und Fr Abend Apfelweinproben, Waldhütte für 30 Personen zu vermieten
	8 – Bergstraße-Weschnitztal 12 – Heidelberg-Neckartal-Odenwald

Landgasthof Zum Kreiswald

Wo alles um den Apfel kreist

Der Landgsthof Zum Kreiswald gehört zu den familiengeführten Häusern, die sich unter der Marke „Odenwald-Gasthaus“ zusammengefunden haben. Ihr Ziel ist es, regionale Küche mit Odenwälder Herzlichkeit zu verbinden. Gerhard Fritz, der bereits in sechster Generation den Kreiswald führt, ist gelernter Koch. Und wer regionale Produkte und heimische Küche zu schätzen weiß, der ist im Kreiswald bestens aufgehoben. Auf der wechselnden Karte stehen mal gefüllte Rinderrouladen, Sauerbraten oder geschmorte Ochsenbacke mit Zwetschgensauce. Auf der Stammkarte finden wir typische Brennergerichte wie die Apfel-Meerrettich-Suppe mit Apfelbrand, die Quiche Kreiswald mit Kirschwasser, den „Schweinerücken Edelbrenner“ mit Apfelstücken, Zwiebel, Speck, Champignons und Apfelbrand oder Waffeln mit eingelegten Aprikosen und einem Aprikosenbrand. Und alles zu fairen Preisen.

Roulade in der Dose

Natürlich gibt's im Kreiswald auch hausgemachte Wurstspezialitäten, die man in der Dose auch mit nach Hause nehmen kann, ebenso wie Leberknödel, Rouladen, gekochtes Mastochsenfleisch, Hirschbraten und anderes.

Besonders stolz ist Gerhard Fritz auf seine edlen Brände

aus dem Obst von den Streuobstwiesen rund um den Kreiswald. Neben verschiedenen Apfelbränden bietet er auch Birnen, Quitten, Aprikosen, Kirschen, Zwetschgen, Mirabellen oder Topinambur in der Flasche. Aus der gemütlichen Gaststube sieht man zum Teil die Bäume, an denen all die Früchtchen gereift sind.

Ein Haaßer

Ein Tipp für alle Wanderer, die im Herbst oder Winter durchgefroren zum Kreiswald kommen: Ein „Haaßer“ bringt jeden ins Leben zurück, ein heißer Apfelwein, mit etwas Zucker und Glühweingewürz eine halbe Stunde lang erhitzt (auf keinen Fall kochen!).

Der Kreiswald ist eine ruhige Oase. Zu den nächsten Ortschaften Juhöhe, Adersbach oder Bonsweiher ist es mindestens eine halbe Stunde Fußweg. Zur Siedlung gehört

neben dem Landgasthof nur noch das Gestüt Kreiswald (www.gestuet-kreiswald.de) in einem zum Teil noch aus dem 16. Jahrhundert stammenden Bauernhof. Hier werden neben Islandpferden und Friesen auch „Mangalarga Marchadores“ gezüchtet, in der größten Zuchtstation Europas für diese brasilianischen Gangpferde. Zum typischen Bild des Kreiswalds gehören deshalb die Pferde inzwischen ebenso wie die Streuobstwiesen und die nahen Wälder. Ganz in der Nähe des Kreiswalds liegen übrigens zwei für den Odenwald so typische Naturdenkmäler wie die wohl aus keltischer Zeit stammenden Opfersteine oder das Bügeleisen aus gewaltigen Sandstein-Formationen.

Und noch etwas . . .

Der „Crayßwald" gehörte einst zum Besitz der Weinheimer Adelsfamilie Ulner zu Dieburg, die den Bauernhof 1797 dem Ehepaar Johann und Anna Margaretha Fritz als Erbbeständern übertrug. Nach Aufhebung der Leibeigenschaft wurde 1806 aus dem Pächter der Besitzer des Hofes, der seither von den Familien Fritz bewirtschaftet wird. Genau 60 Jahre später, anno 1866, erhielt Adam Fritz als „ehrlicher und sittlicher Bürger" das bis heute geltende Recht, im Kreiswald Schnaps zu brennen und „die erzeigten Mittel selbst zu verzapfen".

Nicht für Trunkenbolde

Am 2. Oktober 1894 bekam dann der Fritze-Michel die Erlaubnis, in seinem Haus eine Schankwirtschaft zu eröffnen unter dem Vorbehalt, daß er diese nicht „zum Tummelplatz von Trunkenbolden oder zur Begünstigung der Lüderlichkeit und Unsittlichkeit" mißbraucht. Die Destille von Gerhard Fritz zählt heute zu den ersten Adressen bei den Edelbrennern im Odenwald.

☞ Unser Tipp

Unter dem Motto „Schlemmen und genießen" lädt der Kreiswald regelmäßig zu jahreszeitlich orientierten Aktionswochen. Da geht es um Grünkern oder Beeren, um Steak und Salat, um Apfel und Wild, um Eintopf und Klöße, um Kartoffeln oder Maultaschen. Da die Zutaten möglichst alle aus dem Odenwald und der näheren Umgebung kommen, finden wir auf der Speisekarte eine Liste der Lieferanten.

Landgasthof Zum Kreiswald

Landgasthof Zum Kreiswald
Inhaber: Gerhard Fritz
64668 Rimbach
Im Kreiswald 9
Fon 06253/972146
Fax 06253/9772147
info@kreiswald.de, www.kreiswald.de

Öffnungszeiten	11 - 21 Uhr, Sonntag 10 - 21 Uhr, Donnerstag und Freitag Ruhetag, Winterferien im Januar
Plätze	innen 60, Außenterrasse 80
Höhe	320 m
Spielplatz	kein Spielplatz
Hunde	Hunde innen erlaubt
Übernachtung	2 Ferienwohnungen Frühstück möglich
Parken	–
Haltestelle	–
Anfahrt	B 38 in Rimbach Richtung Adersbach, ausgeschildert oder über Juhöhe, 2 km Fußweg
Tipp	wechselnde Schlemmerwochen
Wanderkarte	Karte 8 „Bergstraße-Weschnitztal“

Schüsselkäse aus dem Krug

Im Krug zu Löhrbach gibt es nichts zu meckern, auch wenn gleich um die Ecke fast so viele Ziegen stehen, wie Löhrbach Einwohner hat. Um den über 250 Jahre alten Hof, um die annähernd 500 Ziegen und um die restliche Landwirtschaft kümmert sich Jung-Bauer Michael Jöst.

Land-Wirtschaft

Seine Eltern haben sich längst in ihrer eigenen Land-Wirtschaft eingerichtet, im urgemütlichen Gasthaus Zum Krug, einem geselligen und gastlichen Höhepunkt am geografisch tiefstgelegenen Punkt des Berg-und-Tal-Dörfchens Löhrbach. Hier ist der Schüsselkäse zu Hause, eine exclusive Spezialität, die nur noch in zwei oder drei Häusern hergestellt wird. Der Krug gehört selbstverständlich dazu.

Neben Schüsselkäse von Kuh oder Ziege gibt es im Krug auch selbstgemachten Kochkäse und alles, was der Hof so hergibt: Schnitzel und Steaks, Bratwurst, Eier und Fleischkäse, gebackenen Ziegenkäse, Bratkartoffeln mit Kochkäse (3,70 Euro), Schmalzbrot oder Suppen nach Jahreszeit. Immer mittwochs lockt frisches Mett, eine Art Tartar vom Schwein. Die Küche ist das Reich von Erika Jöst und Tochter Katja. Vater Ewald kümmert sich um die Theke und die Stammgäste.

An manchen Tagen stehen die ersten Gäste pünktlich um 15 Uhr vor der Tür. Fast kann

man die Uhr danach stellen. Zunächst kommt der Gast in eine kleine Bauernstube mit einem urgemütlichen Holztisch und einem Bullerofen. Dahinter öffnet sich die Gaststube mit schönen Ausblicken auf die umliegenden Odenwald-Hügel. Größeren Wandergruppen empfehlen wir dringend, vorher anzurufen und zu reservieren. Aber Wanderer bekommen diese Idylle nicht geschenkt, denn nach allen Seiten geht der Weg nach dem Vesper zunächst einmal zoffig bergauf.

Mut zur Ziege

Die Geschichte des Krugs reicht eigentlich zurück in die siebziger Jahre. Um sich neben der Landwirtschaft ein zweites Standbein zu schaffen, boten die Jösts Ferien auf dem Bauernhof an. Da war der Weg zum Dorf-Krug mit Pension nicht mehr weit. Als Ewald Jöst Ende der achtziger Jahre den Hof an seinen Sohn übergab, da stand es nicht besonders gut ums „'S Hanjö“, wie die Einheimischen den Jöstehof nennen. Der Vater riet seinem Sohn, nichts mehr in den Hof zu investieren, weil die Milchwirtschaft keine Zukunft versprach. Doch Michael setzte mutig auf die Ziege, und heute stehen an die 500 Tiere in den Ställen. Die Molkerei Hüttenthal ist dankbar dafür. Neben Ziegen gibt es auf dem Hof auch Charolais-Rinder, Schweine, Hühner, Hähnchen und Gänse.

Gelohnt hat sich auch die Anschaffung einer Kelter. Neben dem eigenen Bedarf im Krug und im Dorflädchen arbeitet sie auch als Lohnkelter für andere Betriebe. Wer will, kann sich für seine Äpfel auch eine Gutschrift geben lassen und das Jahr über seinen Saft und Wein nach Bedarf abholen.

☞ Unser Tipp

Ein Schmuckstück ist das Hoflädchen von Michael und Angela Jöst, die mit ihren drei Kindern und Urgroßmutter Katharina im alten Bauernhaus leben. Neben Frischfleisch aus eigener Tierhaltung bieten sie eine unglaubliche Vielfalt an Frisch- und Dosenwurst, bis hin zur Bärlauchmettwurst oder Ziegencevapcici. Für die schnelle Küche gibt es selbstgekochte Fertiggerichte wie Odenwälder Worschtsupp, Hacksteaks oder Rinderroulade. Aus der hauseigenen Kelter kommen Apfelsaft, Apfelwein und im Winter sogar Apfel-Glühwein. Auch die Marmeladen und das Brot sind made by Jöst. Obstbrände von der Bergstraße, Honig vom Förster sowie Obst und Gemüse der Saison runden das Angebot ab. Öffnungszeiten Di bis Sa 9 – 12 Uhr, So 17 – 19 Uhr, Mo Ruhetag.

Und noch etwas . . .

Der Schüsselkäse ist eine exclusive Lörbacher Spezialität. Die Pflug-Wirtin Erika Jöst erhitzt dafür Vollmilch von der Ziege oder der Kuh und vermischt sie mit Lab. Ein bis zwei Tage ruht diese Masse dann in einer runden Schüssel, in einem Sieb oder einem Tuch, bis sie schnittfest ist. Der runde Laib wird dann geviertelt und je nach Wunsch gewürzt. Am beliebtesten ist eine Art Panade aus einem speziellen Trockenkräuter-Mix. Andere bevorzugen Paprika, Pfeffer, Knoblauch oder natur. Serviert wird der Schüsselkäse mit Butter und Brot und einer bunten Garnitur.

Gasthaus Zum Krug

Gasthaus Zum Krug
Inhaber: Erika und Ewald Jöst
69488 Birkenau-Löhrbach
Abtsteinacher Straße 12a
Fon 06201/22990, Fax 259294
www.gasthaus-zum-krug.de

Öffnungszeiten	15 - 22 Uhr, Mo und Do geschlossen, Ferien 4 Wo im Hochsommer
Plätze	Gastraum 60, Terrasse 30
Höhe	300 m
Spezialitäten	Schüsselkäse, Mi frisches Mett
Kinder	Spielplatz, Spielecke, Kinderstühle, Kindergerichte
Hunde	willkommen
Übernachtung	6 Zimmer mit Aufenthaltsraum und Teeküche, 1 Ferienwohnung
Parken	beim Haus oder P 100 m
Anfahrt	über Gorxheimertal, Buchklingen nach Löhrbach oder Birkenau – Absteinach
Haltestelle	BusH Oberabtsteinach
Sehenswürdigkeiten	Götzenstein, Weinheim (Exotenwald, Schloßpark)
Tipp	Hoffest am letzten Juni-Wochenende
Wandern	8 - Bergstraße-Weschnitztal 9 - Der Überwald

Gaststube Zum Mühlenstübl

Dorftreff im schnellen Huhn

Wer das Mühlenstübl in Lobenfeld nicht kennt, der wird es auch nur schwer finden. Aber das ist nicht weiter schlimm, denn die urige Gaststube kennt zumindest im näheren Umkreis eigentlich jeder. Vielleicht auch nur unter dem Namen Schnelles Huhn. Das wiederum kommt aus jenen Tagen, als die heutige Vesperwirtschaft noch aus einem einzigen Tisch bestand, im Hof des Bauern Christ auf dem Gelände der ehemaligen, bis ins 16. Jahrhundert zurückreichenden Klostermühle. Aber angefangen hat alles mit den Fußballern. Doch schön der Reihe nach.

Die Lobenfelder Kicker hatten schon immer ein Problem. Wie kommen sie nach Spiel und Training an ein kühles Bier. Die Bauersleute über der Straße, eben die Christs, die boten ihnen einen kühlen Raum an und einen Tisch im Hof und irgendwann auch eine Dose Hausmacher Wurst. Das war Anfang der siebziger Jahre.

Die Kloster-Wirtin

Im Handumdrehen war dieser Tisch so etwas wie der heimliche Dorftreff, der Stammtisch für Fußballer, Rentner und Originale aus Lobenfeld und bald auch aus den Dörfern drumherum. Sogar die Wirtin aus der nahen Klosterschenke soll sich hier wohl gefühlt haben, bis eines Tages der Wirt-

schaftskontrolldienst kam. Also zog die ganze Gesellschaft 1989 einfach um in die ehemalige „Stubb" der alten Mühle und machte sie zum Mühlenstübl. Und dort ist bis heute fast alles so wie früher. Die Fußballer kommen und die Sänger, die Dorf-Originale, viele Wanderer, auch mal der Bürgermeister und der Gemeinderat, vor allem aber die Männer aus den umliegenden Ortschaften.

Die Seilers Rosel

„Wenn 20 Gäste im Stübl sitzen, dann kommen die aus 23 Ortschaften", sagt Martin Christ, der seiner Mutter Rosel hin und wieder unter die Arme greift. Denn das Mühlenstübl ist das Reich der inzwischen 80jährigen Rosa Christ oder der Seilers Rosel, wie die Älteren noch wissen.

„Geplant war des alles net", sagt sie, und erzählt lebhaft von ihren Gästen, die sich in der einfachen Gaststube so wohl fühlen und hier alle Probleme dieser Welt besprechen. „Schwätze hält jung", meint sie und denkt dabei auch an sich.

Auf den Tisch kommt im Mühlenstübl vor allem das, was von den regelmäßigen Schlachtfesten übrig bleibt. Mit Wurst oder Käse belegte Brote gibt es ab 2 Euro, Wurstsalat für 3,90 Euro oder Schwartenmagensalat, der große Renner, für 3,60 Euro. Kasseler mit Kraut steht auf der Karte, Schinken-Eier (3,90 Euro), Bratwürste oder Handkäse.

Des Müllers Loch

Das meiste stammt aus der eigenen Wurstküche, die Eier kommen aus dem Dorf, das Bier aus Distelhausen, der Wein aus Baden, und das Viertel Apfelschorle gibt es im Mühlenstübl noch für 1 Euro. Natürlich kann man auch Dosenwurst kaufen.

Ein kleines Holzmühlrad in einer Wandnische der Gaststube ist der einzige Hinweis auf die ursprüngliche Klostermühle. Durch diese Öffnung soll der Müller sein Mühlrad und den Fluss der Dinge kontrolliert haben. So gegen 1928 war alles Mehl gemahlen. Der Lobbach fließt seither unaufgeregt weiter nach Meckesheim in die Elsenz. Ludwig Christ, Straßenbahnführer aus Handschuhsheim, der im oberen Stock wohnte, ersteigerte die stillgelegte Klostermühle. Zu den Markttagen fuhr er regelmäßig nach Heidelberg, um seine landwirtschaftlichen Produkte zu verkaufen. Sein Sohn Emil besorgte später die Fuhren vom Milchhäusel zum Bahnhof Meckesheim und diente seinem Dorf als Ausscheller und Gemeindediener. Als er 1973 starb, übernahm seine Frau, eben die Seilers Rosel, den Betrieb.

☞ Unser Tipp

Am östlichen Ortsausgang von Lobenfeld beginnt der einzige Bachlehrpfad im Naturpark Neckartal-Odenwald. Er führt über knapp 2 Kilometer nach Waldwimmersbach und verbindet die beiden Ortsteile von Lobbach. Folgen Sie einfach dem N als Zeichen für Naturlehrpfad. Zahlreiche Info-Tafeln am Wegrand machen den Spaziergang durch das idyllische und abwechslungsreiche Maienbachtal zum Naturerlebnis.

Und noch etwas . . .

Das Kloster Lobenfeld, zu dem auch die alte Mühle gehörte, ist ein in den vergangenen Jahren wieder entdecktes Juwel. Neben der Zisterzienserabtei Maulbronn ist St. Maria zu Lobenfeld der einzige erhaltene Sakralbau des Kraichgaus aus der Stauferzeit. Besonders erwähnenswert sind romanische und gotische Wandgemälde, die zur Zeit restauriert werden. Das wohl 1145 gegründete Kloster war in der Folge der Pfälzer Reformation 1560 aufgelöst und lange Zeit fast vergessen worden. Nachdem das Gotteshaus zwischenzeitlich als landwirtschaftliches Lagerhaus genutzt worden war, hat ein Förderverein das Kleinod aus der Stauferzeit wieder ins rechte Licht gerückt.

Gaststube Zum Mühlenstübl

Gaststube Zum Mühlenstübl
Inhaberin: Anneliese Rutsch
74931 Lobbach
Klosterstraße 103
Fon 06226/41440

Öffnungszeiten	täglich ab 15 Uhr, So ab 10 Uhr, Mi Ruhetag
Plätze	25 Personen
Höhe	216 m
Küche	Schwartenmagensalat, deftiges Vesper
Kinder	Spielmöglichkeit in der Nachbarschaft
Hunde	willkommen
Übernachtung	keine
Parken	beim Haus
Anfahrt	L 532 Wiesenbach - Lobbach, abbiegen nach Lobenfeld, dem Hinweis Kloster folgen, nach Tordurchfahrt links
Haltestelle	Bus-Haltestelle
Sehenswürdigkeiten	Kloster Lobenfeld, Bachlehrpfad
Tipp	Schlachtfest alle 4 Wochen, Kerwe im Oktober
Wanderung	17 - Kleiner Odenwald - Brunnenregion

Bretter, Bitsch und Bembel

Die kernigsten Wirtshaustische des gesamten Odenwaldes haben wir im Pfalzbachtal gefunden. Die Tischplatte so dick wie ein Männer-Daumen lang, massiv aus dem Kernholz des Bohnapfelbaumes, der so typisch ist für den Odenwald und so wichtig für den Apfelwein. Das Pfalzbachtal, eines der ältesten Gasthäuser des Odenwaldes, gehört zum Heppenheimer Teilörtchen Scheuerberg, wo fast jeder vierte Einwohner den Namen Bitsch trägt, so wie Ilse und Lothar, die das Pfalzbachtal bereits in sechster Generation führen. Und die Generation acht steckt bereits in den Kinderschuhen.

Nähert man sich Scheuerberg von Westen auf den Wanderwegen 7, 8 oder 9, dann sieht man zuerst nur die typischen steilen Dächer der 30 oder 40 Häuser. Das Gasthaus Pfalzbachtal erkennt man gleich am Orts-Anfang an den gerbbraunen Pressbrettern der Apfelkelter, die unterm Vordach zum Trocknen hängen.

Beim Bembel daheim

Dass der Apfel hier zu Hause ist, zeigt auch der stattliche Bembel im Wirtshausschild. Die meisten Äpfel für den hausgemachten Apfelwein kommen von den eigenen Wiesen, den Rest liefert ein Bauer von weiter unten im Ort.

„Auf die Mischung kommt es an", sagt Ilse Bitsch, und sie kennt sich aus.
Auf den Tisch kommt der Apfelwein im Ein-Liter-Bembel (3,20 Euro). Das Viertel gibt's für 90 Cent. Natürlich ist auch der Obstler (1,20 Euro) aus eigenem Obst. Auch was auf dem Teller serviert wird, ist fast alles hausgemacht, die Wurst und der Schinken, die Schnitzel oder die Rippchen. Wenn die Wurst aufgegessen ist, kommt aus dem Nachbardorf Erlenbach der Hausmetzger und legt nach. Spezialität ist natürlich das Kochkässchnitzel (mit Brot 5,90 Euro) oder die üppige Vesperplatte (4,50). Auf der Karte stehen auch Schinkenfleisch mit Meerrettich, Eisbein, Eierspeisen oder Bratwürste, sogar nach Zigeuner Art. Der Renner ist freilich der Hackbraten von Ilse Bitsch (4,30), aber den gibt es leider nur freitags.

In 's Hofmanns

Das Pfalzbachtal ist so alt wie die deutsche Demokratie. Denn 1832, als Johann Georg Hofmann das Schankrecht bekam, zogen in der Pfalz die Freiheitskämpfer zum Hambacher Schloss. Das war vor 175 Jahren, und noch immer geht man in Scheuerberg „in 's Hofmanns". Das mag daran liegen, dass die alte Wirtschaft noch heute so aussieht wie früher. Hier haben schon viele Generationen von Gästen gezecht und ordentlich gevespert. Aber um die eigenen Familien zu ernähren, mussten die Wirte des Pfalzbachtals schon immer einem zweiten Beruf nachgehen. Früher verdienten sie ihr Geld als Schuhmacher, sogar als Zunftmeister, später arbeiteten sie als Waldbauern oder Forstarbeiter. So fährt auch Lothar Bitsch jeden Tag nach Mannheim, um dort den Evo-Bus zu bauen.

Seine Frau kennt sich aus im Leben. Im Odenwald, so sagt sie, war es immer schwerer als anderswo. „Hier gab's doch nur arme Kuh- oder Knoddelbauern." Ilse Bitsch muss es wissen, denn sie stammt aus dem geschichtsträchtigen Raupenstein in Winterkasten. Und der hat eine ähnliche Geschichte wie das Pfalzbachtal.

☞ Unser Tipp

Die Altstadt von Heppenheim ist unbedingt einen Besuch wert, vor allem das Museum für Stadtgeschichte und Volkskunde im Kurmainzer Amtshof (Amtsgasse 5). Hier wurde 1948 in Anwesenheit von Theodor Heuss die FDP gegründet. Sehenswert sind vor allem die gotischen Wandmalereien. Geöffnet ist das Museum Mi, Do und Sa von 14 – 17, So u. Fei von 14 – 18 Uhr. Von 1916 bis 1918 lebte der jüdische Religionsphilosoph Martin Buber in Heppenheim. Sein Haus in der Werléstraße 2 ist heute Sitz des Internationalen Rates der Juden und Christen. Wer will, kann auch nach dem Geburtshaus von Margaretha Berg stöbern, der Großmutter von Grace Kelly, der späteren Fürstin von Monaco.

Und noch etwas . . .

Apfelwein ist natürlich nicht gleich Apfelwein. Neuerdings gibt es auch sortenreine Apfelweine, die sich besser vermarkten lassen. Aber wie so oft im Leben macht es die Mischung. Das gute „Stöffche" braucht eine erfahrene Hand bei der Auswahl der Äpfel. Die süßen Sorten bringen den Zucker und damit den Alkohol. Die säurebetonten sind entscheidend für die Haltbarkeit und den Charakter. Ideale Weinäpfel sind die Schafsnase und der rote rheinische Bohnapfel, die Gewürzluike, der Kaiser Wilhelm, der Trierer Weinapfel, der rote Boskop oder der rheinische Winterrambur, die man alle im Odenwald findet. Die Familie Bitsch presst ihre Äpfel im Pfalzbachtal auf einer alten Kelter, die wohl an die 40 Jahre auf dem Buckel hat. Die Maische wird in Leinentüchern verpackt auf Holzbrettern ausgebreitet, die dann ähnlich wie bei einer Ölpresse übereinander gestapelt und zusammengepresst werden. Apfelwein hat gewöhnlich 5 bis 6 % Alkohol. Getrunken wird er kellerkühl und grundsätzlich offen aus dem Fass oder dem Bembel, einem grau-blau glasierten Steingutkrug. Apfelwein aus der Flasche stammt in aller Regel aus industrieller Herstellung.

Gasthof Zum Pfalzbachtal

Gasthof Zum Pfalzbachtal
Inhaber: Ilse und Lothar Bitsch
Am Pfalzbach 77
64646 Heppenheim-Scheuerberg
Fon 06253/5442

Öffnungszeiten	Mi – Fr ab 16, Sa ab 15, So ab 11 Uhr, Mo/Di Ruhetage
Plätze	32 in der alten Wirtschaft, 40 Nebenzimmer, 40 im Apfelweingarten
Höhe	350 m
Essen	Kochkässchnitzel, Hausmacher Wurst, Hackbraten
Kinder	Dorf-Spielplatz in der Nähe
Hunde	willkommen
Übernachtung	keine
Parken	wenige Plätze beim Haus, NaturP 200 m
Anfahrt	B 460 HP-Fürth, abbiegen Richtung Mittershausen, bis Ortsende Scheuerberg
Haltestelle	BusH an der B 460, noch 3 km, Ruf-Taxi
Ausflugsziele	Auerbacher Schloß, Fürstenlager, Starkenburg
Tipp	Schlachtfest vierteljährlich, Selbstgemachtes zum Mitnehmen
Wanderung	5 – Bergstraße-Odenwald 8 – Bergstraße-Weschnitztal

30 Schweine warten aufs „Pennsche"

Trotzig steht der hundert Jahre alte Rebstock an der Ecke des Fachwerkhauses. Seine Arme umfassen schützend das gesamte Gebäude, als müssten sie die Land- und Gastwirtschaft zusammenhalten. Früher hieß sie Zur Grünen Laube, bis Ur-Großvater Johannes Fleischmann hinterm Haus einen Weinberg anlegte und die Wirtschaft Zum Rebstock nannte.

Alter Rebstock

Das mit dem Wein wurde nichts, aber geblieben sind der Name und der alte Rebstock an der Hausecke, der im Sommer mit seinem grünen Laub das Haus mit seiner Geschichte wieder versöhnt. Wie so viele Bauernwirtschaften im Odenwald hat auch der Rebstock seine Wurzeln im alten Wohnzimmer, der Bauernstube. Hier saßen sonntags die Gäste, und wenn Kerwe war, hat man das Schlafzimmer ausgeräumt und zum Tanzsaal verwandelt. Heute, nachdem sich der Rebstock in den ehemaligen Kuhstall ausgedehnt hat, ist auch die Welt im Bauernhaus wieder in Ordnung. Der junge Wirt Matthias Fleischmann wohnt mit seiner Familie in der alten Wirtschaft, und der Tanzsaal ist wieder Schlafzimmer.

Seit der alte Bauernhof 1839 das Schankrecht erhielt, gilt die Regel: Auf den Tisch kommt nur, was der Bauer auch selbst erzeugt hat. Die 30 Schweine im Stall enden alle als Blut- oder Leberwurst, als Bratwurst, Rippchen oder Schinken im Rebstock. Apfelsaft und Apfelwein kommen von den umliegenden Streuobstwiesen, Bauernbrot und der Sonntags-Kuchen aus dem eigenen Steinofen. Nur der Handkäse stammt aus Mörlenbach.

Ab ins Pennsche

So finden wir auf der Karte auch keine anspruchsvollen Speisen, sondern eine sehr schmackhafte kalt-warme Vesperküche, die seit rund 30 Jahren unverändert ist. Neben Hausmacher in verschiedenen Variationen gehört „es Pennsche" zu den Favoriten, ein Pfännchen mit Leber-, Blut- und Bratwurst (5,90 Euro), serviert mit Kraut und Bauernbrot. Die Bratwurst gibt es wahlweise auch „mit Schlag", mit Koch- oder weißem Käse (4,30 Euro), oder als „Därre" getrocknet.

Wer sich nicht entscheiden kann, nimmt einfach „vun allem Ebbes" oder eine Odenwälder Kartoffelsuppe. Oder eine Käseplatte mit Koch- und Handkäse und Schmeerkees (4,30 Euro). Und hinterher ein Ladwäjebrot mit Pflaumenmus.

Fast alles, was auf der Speisekarte steht, kann man auch im Außerhausverkauf bekommen. Das Brot natürlich, Wurst und Schinken, Wurstsuppe, Apfelgelee, Most, Apfelwein und Apfelsaft. Entsprechend rustikal ist der Rebstock auch möbliert und dekoriert. An den Wänden finden wir alte bäuerliche Utensilien und historische Fotos, und im ehemaligen Kuhstall, dem heutigen Kaminzimmer, riecht es heute nach Hüttenzauber pur.

Platz für Tiere

Beim Rebstock enden praktisch die öffentlichen Straßen. Deshalb ist Platz für Kinder und Tiere. So gehörten schon Frischlinge zur Rebstock-Familie oder Enten, Rehe und Ponys und Schafe sowieso. Für Wanderer ein guter Ausgangs- oder Zielpunkt in die abwechslungsreiche Landschaft zwischen Tromm, Hammelbach und Weschnitztal.

☞ Unser Tipp

Wer dem Logo mit dem roten Apfel im grünen Pfeil vertraut, der ist gut beraten. Dahinter stehen Bauern, Gastwirte, Künstler und Betriebe, die dem Odenwald im Zeichen des Apfels ein Stück regionale und kulturelle Identität geben wollen. Unter der etwas sperrigen Bezeichnung „Hessische Apfelwein- und Obstwiesenroute Odenwald“ treffen sich Stichworte wie Streuobstwiesen, sanfter Tourismus, Pflege alter Traditionen und Qualitätsbewusstsein. Gründungsmitglieder sind auch der Rebstock-Wirt Matthias Fleischmann aus Steinbach oder Dieter Walz aus Fürth, eine der Edel-Schnapsnasen im Odenwald. Walz hat sich neben seinen Apfelschnäpsen, für die er selbstverständlich ausschließlich Früchte aus dem Odenwald verwendet, einen Namen gemacht als Erfinder eines handgerüttelten Apfelsektes, des Apfel-Walzers. Und schon gibt es die ersten sortenreinen Jahrgangs-Apfelweine auf dem Markt wie den Geopark-Bohnapfel Jahrgang 2004 von Armin Treusch vom Schwanen in Reichelsheim. Wie man hört, laufen bereits Versuche, Apfelwein im Barrique-Fass auszubauen. Und im Raum Frankfurt gibt es sogar den ersten Apfelwein-Sommelier.

Und noch etwas . . .

Spätestens seit der legendären Fernseh-Sendung „Zum Blauen Bock“ gehört der Bembel zum deutschen Kulturgut. Im Odenwald gehört er in jeder Wirtschaft auf den Tisch. Diese Mischung aus Krug und Frankfurter Kanne, aus dem traditionell der Apfelwein ausgeschenkt wird, besteht aus salzglasiertem Steinzeug und kommt aus dem Kannebäcker Land. Die gängigen Größen reichen von einem bis zu 12 Litern, sind in der Regel blau bemalt oder geritzt. Das Steinzeug hält das Stöffche kühl und schützt es gegen Licht. Die echten Apfelweinwirtschaften im Odenwald besitzen zum Teil beachtliche Bembelsammlungen, häufig mit ausgefallen schönen Dekoren. Woher der Bembel seinen Namen hat, ist ungewiss. Manche behaupten, er käme daher, dass die Gefäße an den Pferdewagen herumbambelten. Nahe liegender ist die Herleitung von einer Bombe, an die die Form des Bembels erinnert.

Zum Rebstock

Land- und Gastwirtschaft Zum Rebstock
Inhaber: Matthias Fleischmann
Ortsstraße 52
64658 Fürth-Steinbach
Fon 06253/3287, Fax 21551
info@rebstock-steinbach.de, www.rebstock-steinbach.de

	ab 16 Uhr, Sa ab 15, So ab 12 Uhr, Mi/Do Ruhetag, Weihnachtsferien
	70, Kaminzimmer 45, Terrasse 45
	276 m
	Hausmacher Wurst, Schinken, Kochkäse, Apfelwein
	Spielplatz, Tiere
	willkommen
	keine
	beim Haus
	B 38 oder B 460 bis Fürth, Richtung Steinbach, bis Ortsende
	Mit Bus oder Bahn zum Bahnhof Fürth, 30 Min. Fußweg
	Erlebnisscheune in Krumbach, Wald- und Bienen-Lehrpfad, Weschnitzquelle, Burg Lindenfels
	Bauernbrot mit Sauerteig und Kochkäsmolke
	5 – Bergstraße-Odenwald, 8 – Bergstraße-Weschnitztal, 9 – Der Überwald

Leberwurst am Scheideweg

Der Schardhof ist eigentlich ein Fehler vom Amt. Irgendwann hat irgendein Amtmann, möglicherweise in einer Apfelweinlaune, den Schaadhof zum Schardhof gemacht. Denn die Waldgaststätte Schardhof liegt auf der „Schaad", also auf der Scheide, wo sich die Wasserwege zum Rhein, zum Neckar und zum Main scheiden. Aber der mit amtlichem Stempel beglaubigte Schreibfehler war nicht von größerem Schaden, denn der Schardhof floriert seit mehr als 200 Jahren.

Aus allen Richtungen

So wie sich hier oben in 520 Metern Höhe die Quellwasser in alle Himmelsrichtungen verteilen, so kommen die Gäste aus allen Richtungen hinauf zum Schardhof. Sie kommen über die Tromm, aus Fürth oder Rimbach oder über Hammelbach, von Wahlen und Grasellenbach, wo die alte Postkutschenstation heute postalisch hingehört. Sie kommen vor allem zu Fuß, aber auch mit dem Mountainbike, mit dem Pferd, dem Auto oder im Winter mit den Langlaufskiern. „Wirtschaft von Johannes Stein" steht stolz und selbstbewusst auf einem alten Schild quer über dem Eingang. Das war der Ur-Ur-Großvater von Andreas Stein, der heute mit seiner Frau Silvia den Schardhof führt. Die Schardhof-Wirte trugen immer

schon den Namen Stein. Wo möglich verwendet der gelernte Restaurant-Meister regionale Produkte. Das Wild läuft ihm quasi vor die Haustüre, Forellen liefert ein Züchter in Bonsweiher, Fleisch und Apfelwein holt er in Brensbach. Unter der Woche gibt es ein preiswertes Tagesessen mit Suppe für rund 5 Euro, ein schwäbisches Linsengemüse, Odenwälder Grillhaxe oder auch mal Reibekuchen mit Apfelmus.

Lewwerworschtschnitzel

Ein Tipp ist das „Lewwerworschtschnitzel", eine Art Cordon Bleu, gefüllt mit Leberwurst. Wer es zu Hause selbst probieren will, sollte die Pfanne nicht zu stark erhitzen, so dass das Schnitzel innen durch, aber außen nicht verbrannt ist. Wer es weniger deftig mag, kann das „Schardhofschnitzel" mit einer Gemüsefüllung wählen, Odenwälder Sauerbraten oder eine frische Forelle. Selbstverständlich gibt es auch eine regionaltypische Vesperkarte und fleischlose Gerichte.

Man spürt schnell, dass Kinder auf dem Schardhof willkommen sind, nicht nur, weil das eigene Töchterchen auch mal am Stammtisch seine Hausaufgaben macht. Neben jeder Menge Natur finden Kinder einen eigenen Spielplatz, eine eigene Speisekarte, eigenes Besteck und kindgerechte Stühle und im Winter sogar eine kleine Rodelbahn unmittelbar beim Haus.

Mit Skiern zur Schaad

Wenn Schnee liegt, ist auch die Langlaufloipe von Hammelbach zur Tromm gespurt, die am Schardhof vorbei führt. Die meisten Wege sind auch ungespurt für Langläufer begehbar. Und am Wochenende gibt es oben auf der „Schaad" sogar Glühwein und Lagerfeuerromantik.

☞ Unser Tipp

Wanderer können vom Schardhof aus eine ganze Menge entdecken, wie das nahe Brandschneiderkreuz, die Weschnitzquelle unten in Hammelbach oder auf der Tromm den Ireneturm, das Wildleuthäusl oder den Lindenstein, wo Siegfried mit dem Drachen gekämpft haben soll. Wer Freude an modernen Skulpturen hat, dem bietet sich der etwa zwei Kilometer lange Kunstweg auf der Tromm an, der 2005 entstanden ist, als sieben Künstler aus ganz Deutschland nach einem Workshop ihre Arbeiten gleich vor Ort stehen ließen.

Und noch etwas . . .

Folgt man vom Schardhof dem roten Viereck als Markierung Richtung Norden, so kommt man nach wenigen Minuten zu einem gusseisernen Kreuz, dem Brandschneiderkreuz. Wie an so manchen anderen Plätzen im Odenwald, sollen hier am Fahrenbacher Kopf die Hexen zu Walpurgis ihre Tänze vollführt haben. Der Sage nach versuchte ein wackeres Schneiderlein, die Hexen verbotenerweise bei ihrem Treiben zu beobachten und zahlte dafür mit seinem Leben. Das Brandschneiderkreuz will daran erinnern.

Zum Schardhof

Zum Schardhof
Inhaber: Andreas Stein
Außerhalb 4
64689 Grasellenbach-Hammelbach
Fon 06253/932166
schardhof@t-online.de, www.schardhof.de

Öffnungszeiten	täglich 11 bis 22 Uhr warme Küche, Do Ruhetag
Plätze	80 in zwei Gaststuben, 30 in überdachter Laube, 40 Terrasse
Höhe	520 m
Spezialitäten	Lewwerworschtschnitzel, Schardhofschnitzel, Odenwälder Käsespätzle, Wildschwein, Forelle
Kinder	Spielplätze, eigene Speisekarte
Hunde	willkommen
Übernachtung	auf Anfrage im Naturfreundehaus Tromm
Parken	am Haus, im Winter geräumt
Anfahrt	von Weschnitz nach Hammelbach, bei der Volksbank rechts in die Schulstraße, noch ca. 3 km
Sehenswürdigkeiten	Brandschneiderkreuz, Kunstweg Tromm, Ireneturm, Lindenstein, Weschnitz-Quelle
Besonderes	Schneetelefon (06253/932166), Pferdewiese, Arrangement mit Hoftheater Tromm
Wanderungen	8 – Bergstraße-Weschnitztal 9 – Der Überwald

Zum Seidenbacher Eck

Wie der Kochkäse zum Schnitzel fand

Am Seidenbacher Eck scheinen alle Wege zu enden. Ab hier ist nur noch Odenwald. Aber es gibt tatsächlich einen befahrbaren Weg, von Seidenbach über den Berg nach Seidenbuch, also von Fürth nach Lindenfels. Und ausgerechnet hier in dieser ausgesprochen stillen und abgeschiedenen Ecke, im Gasthaus zum Seidenbacher Eck, entdecken wir die Geburtsstätte des Kochkäs-Schnitzels, dem kulinarischen Markenzeichen des hessischen Odenwaldes.

Spezialität aus Zufall

Im März 1988 übernahm der gelernte Metzger Bernd Vetter aus dem nahen Ellenbach die gemütliche Dorfwirtschaft in Seidenbach, die Mitte des 19. Jahrhunderts gebaut worden ist. Auf der Suche nach einer regionalen Spezialität für seine Speisekarte kam der neue Eck-Wirt eher zufällig auf nahe Liegendes. Schnitzel gab es überall, Kochkäse sowieso. Aber nirgendwo gab es Schnitzel mit Kochkäse. Das war es! Manche Gäste hielten Vetter zunächst für verrückt, aber das legte sich bald. Und heute gibt es im gesamten hessischen Odenwald wohl kaum ein Gasthaus ohne diesen regionalen Klassiker. Dabei ist es gerade mal zwei Jahrzehnte her, seit der Kochkäse zum Schnitzel fand.

Auch der Name Kochkäse ist noch gar nicht so alt. Früher gab es verschiedene

Bezeichnungen für den schmierigen Brotaufstrich. In Hammelbach nannte man ihn beispielsweise Schmodkäse, aber am geläufigsten war der Begriff Brennkäse, weil die Masse beim Kochen oder Schmelzen leicht anbrennt. Natürlich ist es Ehrensache, dass der Kochkäse im Seidenbacher Eck selbst gekocht wird.

Odenwälder Kolorit

Das berühmte Kochkässchnitzel mit Brot gibt es für 6,50 Euro. Insgesamt ist die Speisekarte im Seidenbacher Eck rustikal mit viel Odenwälder Kolorit. Da gibt es Bratwürste, Rippchen und Leberknödel, Zwiebelschnitzel und Rumpsteak, aber auch Wurstsuppe, Eier mit Blut- oder Leberwurst (3,50 Euro) und die Odenwälder Bauernplatte (7 Euro). Alles natürlich hausgemacht.

Neben dem Kochkäse ist auch der Apfelwein selbstgemacht, aus Äpfeln von der eigenen Streuobstwiese in Glattbach. Der Kartoffelschnaps und die Obstbrände kommen aus der Ruhr'schen Landbrennerei im Nachbardorf.

Brot vom Metzger

Fleisch und Wurst bezieht Bernd Vetter von seinem Bruder in Ellenbach, aber sein Bauernbrot, das backt er selbst und offensichtlich so erfolgreich, dass manche Nachbarn und Stammgäste ihr Brot beim Wirt und gelernten Metzger vorbestellen. Dosenwurst und Kochkäse kann man auch an der Theke kaufen für zu Hause.

Die Gaststube im Seidenbacher Eck ist uriggemütlich. Hier kann man getrost auch einmal auf den Tisch hauen. Die sechs blanken massiven Eichentische sehen jedenfalls so aus, als könnten sie manche Geschichte erzählen. Der große offene Kamin ist leider nur noch Dekoration. Die Gäste kommen sogar aus dem Raum Mannheim und bis hinauf nach Darmstadt und Frankfurt – wohl nicht erst, seit ein Internet-Forum das „Seidenbacher Eck" zum besten Kochkäs-Schnitzel-Revier im gesamten Weschnitztal erkoren hat.

☞ Unser Tipp

Kochkässchnitzel ist nicht gleich Kochkässchnitzel. Denn neben der Qualität von Schnitzel und Käse kommt es auch auf die Zubereitung an. Bernd Vetter, der Vater dieses Odenwälder Nationalgerichts, serviert den Käse separat in einem Schüsselchen. Er hat nämlich beobachtet, dass mancher Gast lieber zuerst das Fleisch verzehrt und anschließend den Käse aufs Brot schmiert. Häufig jedoch versteckt sich das Schnitzel unter dem geschmolzenen Kochkäse, die wohl geläufigste Art, diese Spezialität auf den Tisch zu bringen. Aber es gibt noch eine dritte Variante, die wir bei Jürgen Katzenmeier in der Freiheit in Laudenau entdeckt haben. Er überbackt das Schnitzel mit dem Kochkäse.

Unser Tipp: Ausprobieren!

Und noch etwas . . .

Kochkäse zu kochen ist keine große Kunst. Aber es gibt natürlich solchen und anderen. Also schwört jeder Haushalt auf seine eigene Rezeptur. Natürlich auch Bernd Vetter, der Wirt vom Seidenbacher Eck. Sein Rezept ist streng geheim. Wir verraten es Ihnen: Er nimmt Speisequark (aus der Molkerei Hüttenthal), hängt ihn in Tüchern solange ab, bis er abgetropft ist. Mit Salz, Natron, Butter und Sahne wird die Masse gewürzt und veredelt und dann bei 60 bis 65 Grad im Wasserbad unter stetigem Rühren „gekocht". Fertig ist der gekochte Käse. Da er von Natur aus läufig ist, kommt er in eine Schüssel und kann in der Regel bis zu acht Tagen vorgehalten werden.

Kochkäse zum Spargel

Außer zum Schnitzel hat der Kochkäse seinen traditionellen Platz auf dem Vesperteller, mit und ohne Musik. Inzwischen sind der Fanta-sie in der Küche aber keine Grenzen mehr gesetzt. So taucht Kochkäse in vielen Käsesaucen auf, zu Nudel-gerichten etwa oder sogar zum Spargel.

Zum Seidenbacher Eck

Gasthaus Zum Seidenbacher Eck
Inhaber Bernd Vetter
Dr.-Adolf-Lindenborn-Straße 23
64658 Fürth-Seidenbach
Fon 06253/21605

Öffnungszeiten	Mi-Fr ab 17, Sa ab 13, So ab 11 Uhr, Mo/Di Ruhetag
Plätze	30, im Saal 80, außen bis 100
Höhe	300 m
Speisen	Kochkässchnitzel, Bauernplatte, Rippchen, Rumpsteak, Eier mit Blut- oder Leberwurst
Kinder	Kinderportionen
Hunde	willkommen
Übernachtung	keine
Parken	beim Haus
Anfahrt	B 38 Rimbach-Fürth, abbiegen Richtung Erlenbach, Seidenbach
Haltestelle	BusH Seidenbach
Sehenswert	Bergtierpark Erlenbach
Wandern	5 – Bergstraße-Odenwald

Auf „fußpfädtlein“ zum Weißen Stein

Dem Weißen Stein kann sich jeder auf seine eigene Art nähern. Die Wanderer kommen aus allen vier Himmelsrichtungen, die Biker am liebsten über Ziegelhausen oder von Dossenheim. Die Triathleten des Ladenburger „Römerman“ sehen den Weißen Stein natürlich mit anderen Augen als die Besucher der Hüttenabende oder Grillfeste, die die schmale Autostraße hinauffahren.

Theresias Torten

Andere, und das sind nicht wenige, denken zuallererst an das legendäre Cordon bleu oder die von Oma Theresia selbst gebackenen Kuchen und Torten.

Älter als die Höhengaststätte ist der unter Denkmalschutz stehende Aussichtsturm, der wie der Turm auf dem Eichelberg oder viele andere Aussichtstürme im Odenwald Ende des 19. Jahrhunderts mit der aufstrebenden Wanderbewegung erbaut worden ist. Inzwischen wird er um mehr als das fünffache überragt von dem 108 m hohen Fernmeldeturm, der längst mit zum Ensemble auf dem höchsten Punkt von Dossenheim gehört, auch wenn postalisch hier Wilhelmsfeld zuständig ist.

Gastronomisch ist der Weiße Stein eindeutig eine Dossenheimer Domäne. Denn neben

der Höhengaststätte betreibt die Familie Miltner unten im Tal das Traditionshaus Goldener Hirsch, das Bistro Steinbrecher und das Hotel am Kirchberg. Seit mehr als 10 Jahren führt Tochter Sabine mit ihrem Mann Carmelo Caruso den Weißen Stein. Und Mutter Theresia, die 30 Jahre lang im Hirsch gekocht hat, führt Regie am Herd. Da versteht sich von selbst, dass möglichst viel selbst gemacht wird, ob Spätzle oder Kartoffelknödel, ob Leberknödel, Sauerkraut oder Bratwürste. Und natürlich die Kuchen und Torten: Käsekuchen, Bienenstich und vor allem die Schwarzwälder.

Fleischkäse vom Wild

Renner auf der Speisekarte ist das fast pfundschwere Cordon bleu (13,40 Euro), das zu großen Teilen im „doggybag" ins Tal wandert. Beliebt ist auch der Wandererteller mit Bratwurst, Saumagen, Leberknödel, Kartoffelbrei und Sauerkraut (7,90 Euro). Typisch für den Weißen Stein sind bodenständige Gerichte wie der selbst eingelegte Sauerbraten, Rinderbrust oder Gulasch oder auch Wild aus den umliegenden Wäldern. Wenn auf dem Weißen Stein die Jäger feiern, müssen gleich mehrere Wildschweine dran glauben. Dafür ist dann auch der Fleischkäse wild und sogar die Lyoner für den Wurstsalat.

Kindertage

Der Jahreskalender im Weißen Stein ist prall gefüllt mit Tagesthemen wie am Pasta-Tag, der Bärlauchwoche oder dem regelmäßigen Kindertag, bei dem Kids unter zwölf Jahren „fer umme" schlemmen dürfen. Dazu gibt es jede Menge Feste wie Grillparties oder Hüttenabende, bei denen es auch einmal mit dem Shuttle hoch und im Fackelzug wieder heim ins Tal geht. Wie heißt es doch im Dossenheimer Lied: „Wie schön bist du mein Dossenheim, vom Neckar bis zum Weißen Stein".

Unser Tipp

Es gibt viele Möglichkeiten, sich dem Weißen Stein zu nähern. Die Einheimischen kennen natürlich ihre Wege. Dem Fremden empfehlen wir den Zugang von Süden her, vom Parkplatz Heiligenberg und dem Heidenloch, über Thingstätte und Michaelsbasilika, einer kurzen Rast am schön hergerichteten Zollstock mit dem traumhaften Blick auf das Heidelberger Schloss, vorbei an Holdermannseiche zum Weißen Stein. Dafür sollte man sich gut anderthalb bis zwei Stunden Zeit nehmen.

Und noch etwas . . .

Wer auf dem Weißen Stein den weißen Stein sucht, der hält sich am besten an den Stein der Weisen. Denn niemand weiß so recht, woher der Weiße Stein seinen Namen hat. Der immer mal wieder als Namensgeber auftauchende „markante Findling" aus Kalkstein taugt eigentlich nicht, denn hier im Odenwald gibt es weit und breit keine solchen Kalksteine. Die im Gasthaus selbst favorisierte Erklärung, die höchste Erhebung Dossenheims sei nach Wegweisersteinen benannt, wie sie mit der Wanderbewegung Ende des 19. Jahrhunderts aufkamen, hat durchaus Charme, ist aber unwahrscheinlich. Der Ziegelhäuser Heimatforscher Reinhard Hoppe (1898-1974) nennt eine viel ältere Quelle aus dem Jahr 1608. Danach stand „rechterseitß an einem fußpfädtlein ein hoher schneeweiser stein". Dabei handelt es sich wohl um den dreiseitigen weißen Grenzstein, den wir im Handschuhsheimer Flurnamenbuch von Fritz Frey aus dem Jahre 1944 finden, einen vermutlich weiß angemalten Dreimärker, der die gemeinsame Grenze von Dossenheim, Schriesheim und Ziegelhausen markierte. (Quelle: Heimatkalender „Unser Land" 2007). Es ist also spannend, nach dem weißen Stein zu suchen, auch wenn es ihn schon lange nicht mehr gibt.

Zum Weißen Stein

Höhengaststätte Zum Weißen Stein
Inhaber: Carmelo Caruso
Am Weißen Stein 1
69259 Wilhelmsfeld
Fon 06220/1787, Fax 913211
zumweissenstein@aol.com
www.hoehengaststaette-weisser-stein.de

	täglich ab 10 Uhr, durchgehend warme Küche, Mo Ruhetag
	190 in 5 Gasträumen, Terrasse 150, Biergarten 300
	552 m
	Cordon bleu, Wild, selbst gemachte Bratwürste, Torten und Kuchen
	Spielplatz, Spielecke, Kindertag, Kinderkarte
	willkommen
	keine
P	beim Haus
	nur über Dossenheim, 5 km Waldstraße
H	BusH Langer Kirschbaum bei Wilhelmsfeld, noch 2 km
	Heiligenberg mit Thingstätte und Michaelsbasilika, Strahlenburg, Teltschik-Turm
	Hüttenabende, Grill- und Schlachtfest, Themen- und Kindertage
	12 – Heidelberg, Neckartal-Odenwald

Gasthaus Zur Schmelz

Was de Winfried mit de Flinte verwischt

Die Schmelz ist wie ein Odenwälder Historienbuch. Hier an der Siegfriedstraße, zwischen Hiltersklingen und Hüttenthal, nur ein paar Rehsprünge entfernt vom Lindelbrunnen, verschmelzen Geschichte und Geschichten des Marbachtales zu einem quicklebendigen Gasthaus. In der Schmelz treffen sich Wanderer und Fußballer, Sportschützen und Jäger, Geschäftsleute und die Dorfprominenz.

Siebte Generation

Die gastfreundlichen Michels, die das Haus bereits in siebter Generation führen, sind stolz auf diese Mischung aus alt und jung, auch wenn man über dem Stammtisch noch immer den Geist vom Schinderhannes und vom Raubächer Jockel spürt. Das Gasthaus Zur Schmelz steht auf dem Boden einer der zahlreichen Eisenhütten, die nicht nur der Gemeinde Hüttenthal den Namen gaben, sondern einst die ganze Gegend prägten, bis die Schmelzer und Schmiede Mitte des 18. Jahrhunderts diesen Platz räumten. Als der Leineweber Johann Georg Michel am 10. Oktober 1766 Haus und Scheune kaufte, erwarb er gleichzeitig die Schankrechte für Bier und Schnaps.

Gernot Michel, der siebte Michel auf der Schmelz, ist Odenwälder mit Leib und Seele. Als Koch setzt er ganz auf Produkte aus der Nachbarschaft. Sieglinde, die Nachbarin, züchtet die Forellen. An

Wild gibt es, „was de Wilfried mit de Flinte verwischt hot", Fleisch und Wurst kommen aus Grasellenbach, Brot aus Hüttenthal oder Güttersbach, Apfelwein und Apfelsaft aus Ober-Ostern, Wein und Wasser von der Bergstraße und die Obstbrände aus Fürth.

Und da ist noch die Geschichte mit den Soay-Schafen, die auf den schottischen Atlantikinseln zu Hause sind. Gernot Michel dürfte weit und breit der einzige sein, der dieses Fleischschaf als Braten oder Gulasch auf der Karte hat. Das hängt zusammen mit seinen Kumpels Manfred Kessler aus Hüttenthal und Reiner Kenzler aus Olfen, die mehr als 50 dieser Tiere halten, um ihre Hanggrundstücke zu pflegen.

Odenwälder Wochen

Wenn in der Schmelz Odenwälder Wochen anstehen, dann geht's ans Eingemachte. Dann gibt es Gestampfte Erdrüben und geräuchertes Bauchfleisch, Saure Bohnen mit Leiterchen (Schweinerippen), Odenwälder Kartoffelbrambel mit Äpfeln, gebratener Blutwurst, Speck und Zwiebeln oder gebackene „Gaasknoddel" mit Ziegenfrischkäse. Für die familiäre Atmosphäre ist Ulrike Michel zuständig. „Bei uns darf auch mal gesungen werden". Genauso sind Wanderer auch dann willkommen, wenn ihnen der halbe Odenwald an den Stiefeln hängt. Für Gäste mit Kindern hat sie sogar einen eigenen Raum eingerichtet mit einer großen Spielkiste.

Alte Poststation

Wie in alten Zeiten, als hier die Poststation war, hält auch heute noch der Bus an der Schmelz. Wanderer finden zu beiden Seiten der Siegfriedstraße ein gepflegtes, fast grenzenloses Wegenetz. Und wer schon Blasen an den Füßen hat, der bleibt einfach auf der Sonnenterrasse der Schmelz sitzen und beobachtet die Reiherkolonie unten auf der Wiese, wo Hiltersklinger Bach und Mösselbach zusammenfinden und sich mit dem Mossaubach zum Marbach vereinigen.

☞ Unser Tipp

Die Köhler und ihre Meiler waren früher überall im Odenwald zu Hause, nicht nur am Kohlhof bei Heidelberg oder bei der Schmelz in Hüttenthal. Ihre Kohle war begehrt bei den Eisenhütten, den Schmieden oder den Lohgerbern. Aber mit Adam Knopf hat in Ober-Schönmattenwag vor wenigen Jahren der letzte Berufsköhler des Odenwaldes das Feuer ausglühen lassen. Doch sein inneres Feuer glüht immer noch nach. Denn einige Hobbyköhler, die noch beim alten Knopf zugeschaut haben, schichten immer am letzten Freitag im Juli in geraden Jahren auf der alten Köhlerplatte bei Raubach einen Schaumeiler auf (nächste Termine 25.7.2008, 30.7.2010). 10 Tage lang leben die traditionsbewussten Männer dann ganz für ihren Meiler, bewirten rund um die Uhr Sympathisanten und Gäste und verkaufen am Ende die begehrte Kohle. Initiator dieses kleinen Volksfestes ist übrigens Joachim Sauer aus Unter-Schönmattenwag.

Sein Vater Ferdinand war selbst noch Berufsköhler, und Adam Knopf sein Schwiegervater.

Und noch etwas . . .

Der Erzabbau war im Mittelalter im Odenwald weit verbreitet. Ein Zentrum war ganz sicher das heutige Hüttenthal. Mit dem Erzabbau kamen nicht nur die Schmelzer und Pocher, die die Steine zerkleinerten, sondern auch zahlreiche Schmiede, die aus dem gewonnenen Eisen Werkzeuge und Gerätschaften formten. Da paßt der nahe Lindelbrunnen natürlich bestens ins Bild. Vielleicht hat Hagen ja hier sein Schwert geschmiedet, mit dem er Siegfried zu Tode beförderte. Direkt neben der Schmelz finden sich noch heute die Spuren des Kohlplatzes, auf dem die Köhler ihre Holzkohle produzierten. Um einen Zentner Eisen zu gewinnen, brauchte man nämlich rund fünfzehn Zentner Holzkohle.

Gasthaus Zur Schmelz

Gasthaus Zur Schmelz
Inhaber: Gernot und Ulrike Michel
Obere Siegfriedstraße 20
64756 Mossautal-Hüttenthal
Fon 06062/3724
info@gasthaus-zur-schmelz.de, www.gasthaus-zur-schmelz.de

Öffnungszeiten	tägl. ab 11 Uhr, Mo Ruhetag
Plätze	40, Nebenzimmer 30, Terrasse 30
Höhe	300 m
Küche	fangfrische Forellen, Wild, Odenwälder Brambel, Braten vom Soay-Schaf, Hüttenthaler Käsespezialitäten
Kinder	Kinderzimmer mit Spielkiste
Hunde	willkommen
Übernachtung	keine
Parken	gegenüber
Anfahrt	B 460 Fürth – Hüttenthal oder B 45 Eberbach – Erbach, in Marbach Richtung Hiltersklingen
Haltestelle	BusH direkt am Haus
Ausflugsziele	Lindelbrunnen, Marbach-Stausee, Drachenweg
Tipp	Odenwälder Wochen, Kartoffel- und Lammwochen
Wanderregion	6 – Mittlerer Odenwald

Auf dem Balkon der Nibelungen

Da haben sich die Wormser Naturfreunde aber ein schönes Fleckchen Odenwald ausgesucht. Hoch oben auf dem Borstein sitzt man fast wie auf einer Tribüne über dem Lautertal mit seinen grünen Hängen, aber auch mit dem quirligen Betrieb der Nibelungenstraße unten im Tal. Die bodentiefen Panorama-Fenster im Gastraum des Karl-Schlösser-Hauses lassen den Gast diesen Blick auch im Herbst oder Winter genießen. Denn am Borstein finden wir eines der seltenen Naturfreundehäuser im Odenwald, die ganzjährig geöffnet sind.

Und der Laden läuft. Das ist auch das Verdienst von Simone und Michael Kröckel, die das Haus 2004 übernommen haben. Pragmatisch und unkompliziert führen sie den Borstein als Ferienheim, als Tagungsstätte und vor allem als Wanderstützpunkt.

Gepäck-Service

Wer von Bensheim mit dem Bus nach Reichenbach kommt, der wird notfalls auch abgeholt. Und wenn das Gepäck zu schwer geworden ist, dann fährt der Hausherr die Rucksäcke auch schon einmal zum nächsten Ziel. Nach Ober-Ramstadt im Norden oder hinunter nach Birkenau ist es jeweils eine Tagesetappe. Schließlich liegt der Borstein an den beiden

Fernwanderwegen E 1 und E 8. So finden wir im Gästebuch manchen Eintrag von wundgelaufenen Füßen. Zumindest dieses Problem haben die zahlreichen Wanderreiter nicht, die hoch zu Ross zum Borstein kommen, meist von den drei Reiterhöfen im Tal.

Sonntags-Essen

Die Küche bietet ordentlichen Odenwälder Standard zu günstigen Preisen. Die Tagessuppe gibt es für 1,50 Euro, Eier mit Speck für 2,70 Euro. Außerdem stehen Salate, belegte Brote, Hand- und Kochkäse, Bratwürste oder Hacksteak, Rumpsteak und verschiedene Schnitzel auf der Karte. Vegetarier fragen nicht umsonst nach etwas Fleischlosem. Immer am Wochenende lockt für weniger als 10 Euro ein „Sonntags-Essen“: Wild oder Forelle, Roulade oder Gulasch mit Klößen als Gruß aus der thüringischen Heimat der Kröckels.

Der Jahreskalender hat auf dem Borstein ein festes Gerüst. So wird an Himmelfahrt und am Tag der Deutschen Einheit auf dem großen Freiplatz gegrillt. In der Hexennacht zum 1. Mai organisiert Michael Kröckel ein Lagerfeuer, und neuerdings gibt es auch eine Sonnwendfeier, wie es bei den Naturfreunden Tradition ist.

Ziel Felsenmeer

Wer die Gastfreundschaft auf dem Borstein länger als ein paar Stunden genießen möchte, dem wird es bestimmt nicht langweilig. Zu Fuß ist man in 40 Minuten beim berühmten Felsenmeer. Um einiges weiter ist es zum Auerbacher Schloß oder dem Fürstenlager, zum Schloß Heiligenberg bei Seeheim-Jugenheim, der Sommerresidenz russischer Zaren, zum Melibokus, zum Felsberg oder zur Neunkircher Höhe mit dem Kaiserturm. Und wem das alles zu weit ist, der kann sich gleich hinter dem Haus am Felsen Borstein, von dem das Haus seinen Namen hat, an einer der 42 Kletterrouten versuchen.

Unser Tipp

Für ungeübte Kletterer ist der Borstein ein ideales Terrain. Der Deutsche Alpenverein stuft ihn auch als kinderfreundlich ein. Deshalb gibt es eigene Kletter-Kurse für Kinder. Der von vorne und hinten zugängliche Quarzit-Fels ist 8 m hoch und ca. 30 m breit. Es gibt 42 vorgegebene, meist einfachere Routen bis Schwierigkeitsgrad 8. Es dürfen aber keine weiteren Sicherheitshaken angebracht werden. Der Borstein ist als Naturdenkmal ausgewiesen und befindet sich unmittelbar am Zufahrtsweg hinter dem Naturfreundehaus. Von der Bushaltestelle „Brücke" in Reichenbach sind es etwa 30 Min. Fußmarsch.

Und noch etwas . . .

Im Odenwald gibt es so manches Felsenmeer. Aber den „Ozean" unter den Felsenmeeren finden wir hier am Fuße des Felsberges beim Lautertaler Ortsteil Reichenbach. Zwei Kilometer lang „fließen" die imposanten Steine seit 340 Millionen Jahren über 200 Höhenmeter den Berg hinunter. Die Riesen-Kiesel sind aus dem Granit ähnlichen Quarzdiorit. Schon römischen Steinmetzen diente das Reichenbacher Felsenmeer als gigantisches Steinlager, aus dem Werkstücke bis in die römischen Gründungen Mainz und Trier transportiert worden sind.

Das Riesenschiff

Noch heute finden wir im Felsenmeer rund 300 spektakuläre Zeugen aus jener Zeit wie die Riesensäule, den Altarstein, das Riesenschiff oder den Elefanten- und den Krokodilsfelsen. Ihre Geschichte erzählt ein geologisch-archäologischer Lehrpfad, den der Naturpark Bergstraße-Odenwald geschaffen hat. Und so ganz nebenbei bietet das Felsenmeer auch ein imposantes Spiel- und Klettergelände für Kinder und Jugendliche – und das auch noch „fer umme".

Naturfreundehaus Am Borstein

Naturfreundehaus Am Borstein
Inhaber: Simone und Michael Kröckel
64686 Lautertal-Reichenbach, Karl-Schlösser-Haus
Fon 06254/1267, Fax 308989
info@nfh-borstein.de
www.nfh-borstein.de, www.naturfreunde-worms.de

(Öffnungszeiten)	Mo ab 15 Uhr, Mi bis So ab 10 Uhr, Di Ruhetag
(Plätze)	Gastraum 85, Bierwiese mindestens 80
(Höhe)	350 m
(Küche)	Odenwälder und Thüringer Gerichte
(Kinder)	Spielplatz, Wiese
(Hunde)	willkommen
(Übernachtung)	28 Betten ab 11 Euro, Etagendusche
(Parken)	beim Haus
(Anfahrt)	B 47 von Bensheim Richtung Lindenfels, ab Lautertal-Reichenbach ausgeschildert
(Haltestelle)	Reichenbach, Abholung möglich
(Sehenswürdigkeiten)	Felsenmeer, Melibokus, Auerbacher Schloß,
(Besonderheiten)	Zeltwiese, Sonnwendfeier, Grillfeste
(Wanderkarte)	5 – Bergstraße-Odenwald

Zu Gast beim Ritter Gans

Es ist ein gutes Gefühl, wenn man die überdachte Freitreppe hochsteigt und auf den ländlichen Innenhof zurückblickt. Beim Eintreten in die Burgstube mit ihren rohen Wänden und schweren dunklen Holzbalken spürt man sofort: Schloss Nauses war kein Ort für elegante Damen und höfisches Leben. Hier ging es um Macht und handfeste Interessen. Schließlich sollte das ehemalige Wasserschloss nichts anderes, als die nahe Veste Otzberg schützen. Deshalb sitzen wir auch nicht in der Schloßstube, sondern in der Burgstube von Schloss Nauses. Deftig-rustikal ist auch das Angebot der Burgküche. Da gibt es Schinken, Hausmacher Blut- und Leberwurst, Presskopf oder eine Rindswurst mit Brot (1,80 Euro), einen Strammen Max, Rühreier oder deftige Eier mit Speck (3,40 Euro). Dazu bieten die Riedels neben allerlei alkoholfreien Getränken den obligatorischen Apfelwein an, warm oder heiß, oder einen Otzberger, einen Kräuterschnaps aus der Gegend.

Knecht wird Schlossherr

1937 hatte der Knecht Peter Riedel das ländliche Anwesen Schloss Nauses seinen früheren Herren abgekauft. Inzwischen bewirtschaftet die Familie nur noch den geringsten Teil der 14 Hektar Land. Am

Höllerbach hinter dem Haus stehen noch eine Handvoll Apfelbäume, im Stall ein paar Schweine. Gemeinsam mit den Gänsen, Enten und Hühnern liefern sie die Grundlage für die Speisekarte der Burgstube. Es reicht sogar noch, einiges in Dosen zu füllen und dem Wanderer mit auf den Weg zu geben.

Die Gaststube befindet sich im alten Herrenhaus, neben dem Torturm der einzige erhaltene Teil der früheren Wasserburg. Beide Gebäude bestehen aus einem hohen, für den Odenwald typischen Sandsteinsockel mit einem Fachwerkaufbau. Erstmals erwähnt ist das „Sloßlin Nuwses" im Jahre 1471, als Pfalzgraf Friedrich das wehrhafte Schloß dem Ritter Gans von Otzberg zu Lehen gab.

Ehrloser Mörder

Die heraldische Gans der Ritter Gans von Otzberg finden wir über dem Eingang zu dem 1583 angebauten Treppenturm in einem Doppelwappen mit den Schelmen von Bergen. Ein Ritter Sibolt Schelm von Bergen war um 1400 nicht nur Amtmann zu Otzberg und Vogt zu Umstadt, sondern auch ein „diebischer, ehrloser Mörder, Straßenräuber und lügnerischer Bösewicht." Schelm war im Mittelalter die Bezeichnung für den Abdecker oder Henker. Der Sage nach hat Kaiser Rotbart einen solchen Henker, der ihm bei der Jagd auf den Auerochsen das Leben rettete, aus Dank zum Ritter Schelm von Bergen geadelt, ein Thema, das später Heinrich Heine und Carl Zuckmayer inspiriert hat.

Schloß Nauses gehört zum Otzberger Teilort Ober-Nauses. Hinter dem Berg, dem Heidel-Berg, liegt der Weiler Frau-Nauses. Dieser höchst ungewöhnliche Ortsname hat

sich volksethymologisch behauptet für einen früher zum Frauenkloster Höchst gehörenden Besitz.

Unser Tipp

Die Veste Otzberg bietet zu jeder Jahreszeit besondere und originelle Veranstaltungen, wie den Ostereiermarkt, den Handwerks-, den Weihnachtsmarkt oder das Hexenfest in der Walpurgisnacht. Einen Besuch wert ist auch das Volkskundemuseum im Bandhaus der Veste. Hier ist mit viel Liebe hessische Volkskultur zusammengetragen worden, darunter Trachten, eine alte Apotheke oder ein Kaufladen. (Eintritt 2,50 Euro, offen Sa/So 11-18 Uhr).

In Sonderschauen geht es auf dem Otzberg auch schon mal um Kondome oder Herrenunterwäsche. Zur Volkskundesammlung auf dem Otzberg gehört auch das Spielzeugmuseum im alten Rathaus im Ortsteil Lengfeld mit alten Puppenhäusern, Kaufläden, Puppenküchen oder einem historischen Jahrmarkt.

Und noch etwas . . .

Wer aus dem Reinheimer Hügelland oder aus der Dieburger Bucht vor sich den Otzberg sieht, der weiß, hier beginnt der Odenwald. Die einzige Erhebung in der weiten Ebene ist als wichtige Landschaftsmarke wie der Katzenbuckel vulkanischen Ursprungs, wenn auch nur 386 Meter hoch. Umso stolzer zeigt er schon von weitem seine „Weiße Rübe", wie der Volksmund den rund 17 Meter hohen Bergfried nennt, der zu den ältesten Teilen der Veste Otzberg zählt. Seine Mauern sind bis zu drei Meter dick. Über 400 Jahre lang war der Basaltkegel mit den strategisch wichtigen Befestigungsanlagen in pfälzischem Besitz, bis 1803 die Hessen kamen.

Schumi am Otzberg

Im ehemaligen Kommandantenhaus lädt heute die gemütliche Burgschänke zu schmackhaften Odenwälder Gerichten (offen ab 18, Sa/So ab 11 Uhr, Mo/Di Ruhetag). Hier in der Gemeinde Otzberg hat übrigens Michael Schumacher das Kfz-Handwerk gelernt und beim Fahrlehrer Itzel, dem Sohn des damaligen Bürgermeisters, seinen Führerschein gemacht.

Burgstube Schloss Nauses

Burgstube Schloss Nauses
Inhaberin: Elisabeth Riedel
Höchster Straße 45
64853 Otzberg/Ober-Nauses
Fon 06163 / 3332

täglich ab 15 Uhr, Sa / So ab 12 Uhr, kein Ruhetag

30 an 4 Tischen, 30 im Hof

228 m

Hausmacher Wurst, Speckeier

Wiesengelände beim Haus, Kleintiere

willkommen

keine

beim Haus

B 426 von Lengfeld oder B 45 von Groß-Umstadt Richtung Höchst

Bushaltestelle ca. 200 m

Veste Otzberg

Jugendzeltplatz Junkerwald (Anmeldung in der Burgstube)

3 – Breuberger Land

Tiere mit Familienanschluss

Der Hottenbacher Hof ist ein Bauernhof wie aus dem Schulbuch. 10 Hektar Wald, 12 Hektar Ackerland, 19 Hektar Grünland, vier Naturteiche und jede Menge Tiere. Die 25 Hausschweine landen als Wurst, Schinken oder Schnitzel in der Vesperstube, ebenso wie die Forellen. Die 50 Shropshire-Schafe haben die Lizenz zum Rasenmähen und müssen das Gras in den Christbaumkulturen kurz halten. Die drei Wildschweine, die beiden Rinder, die drei Ziegen, die Meerschweinchen, die Hasen, Hunde, Hühner und Enten lassen es sich gut gehen und gehören mehr oder weniger zur Familie. Genau so wie die beiden Pferde und vor allem Pony Max, das sich so gerne von Kindern fangen lässt. Mitten in dieser ländlich-friedlichen Idylle liegt die Vesperstube.

Frische Forellen

Für eine Vesperstube bietet der Hottenbacher Hof ein beachtliches Speiseangebot. Da lockt die gebratene Forelle mit Bratkartoffeln und Salat (8 Euro), oder geräuchert mit Kartoffelsalat, Forellenbrote mit Zwiebeln oder die Lachsforelle im Gemüsebett, die allerdings vorbestellt werden muss. Da gibt es Schnitzel, natürlich auch mit Kochkäse und Bratkartoffeln (7,80 Euro), Bratwürste (auch geräuchert) vom

Haus- oder Wildschwein und Leberkäse. Selbstverständlich bieten die Simmermachers jede Menge Hausmacher an oder Maxe (en kloane, en grouse, en griene oder en Koch-Max) und eine eigene Kinderkarte ohne „Pommes" (!), dafür mit Bratkartoffeln, Salzkartoffeln oder Kartoffelsalat und sogar einem Kochkässchnitzel für Kinder. An Sonn- und Feiertagen gibt's auch noch selbst gebackenen Kuchen.

Die meisten Produkte wie Fleisch, Wurst und Fisch kommen aus eigener Erzeugung, der Rest aus der Region: Die Kartoffeln aus Pfungstadt, das Bier aus Mossautal, der Apfelsaft aus Beerfurth, das Gemüse aus Nieder-Modau, das Brot aus Groß-Bieberau und das Wild aus dem eigenen Revier. Wo allerdings die drei inzwischen ausgewachsenen Wildschweine herstammen, das weiß niemand. Zwei haben als Frischlinge einen Unfall überlebt, das dritte hatte sich im Ort Lichtenberg verlaufen. Auf dem Hottenbacher Hof wurden die drei Waisen mit der Flasche aufgezogen. „Schlachten können wir die nicht", meint Jung-Bäuerin Silke Simmermacher. Sie gehören zur Familie.

Fast 600 Jahre

Der Hottenbacher Hof ist 1421 erstmals erwähnt bei den Einkünften der Gräfin Anna von Katzenelnbogen und wird seit 1713 ununterbrochen in Familienbesitz bewirtschaftet. Im Zweiten Weltkrieg brannte der alte Hof bis auf das Wohngebäude und die Grundmauern nieder. Wer den wieder aufgebauten Hof sucht, orientiert sich am besten an Klein-Bieberau.

☞ Unser Tipp

Dekorativ thront Schloss Lichtenberg hoch über dem Fischbachtal. Hier oben „uff dem lichten berge“ haben die Landgrafen von Hessen von 1570-1581 dieses Renaissance-Schloss bauen lassen anstelle der mittelalterlichen Burg der Grafen von Katzenelnbogen, die in Teilen noch erhalten ist. Zusammen mit dem Bollwerk aus dem Jahre 1503 und dem keltischen Ringwall Heuneburg lässt die Silhouette Lichtenbergs erahnen, welche herrschaftliche Bedeutung dieser Raum über Jahrhunderte hinweg für den Vorderen Odenwald besaß. Heute beherbergt das Schloss neben privaten Wohnungen und kulturell genutzten Räumen ein Odenwälder Landschaftsmuseum mit historischem Handwerk, altem Spielzeug und Zinnfiguren-Dioramen.

Öffnungszeiten: Mi und Fr ab 15 Uhr, Sa/So/Fei ab 11 Uhr, jeweils bis 18 Uhr. Eintritt 0,50 – 2 Euro.

Und noch etwas ...

Das gibt es nur im Odenwald, eine eigene Handkäsekarte! Gefunden haben wir sie in dem eher auf anspruchsvollere Geschmäcker ausgerichteten Gasthaus Alt-Lichtenberg, direkt am Eingangstor zum Schloss Lichtenberg. Da ist nichts mit Handkäse und Musik. Als Vorspeise gibt es eine Handkäse-Knoblauchsuppe oder einen Handkäse-Pfannkuchen mit Apfelmus oder rohem Schinken (5,90 Euro). Deftig geht es beim Hauptgang weiter mit Handkäse-Bratwürsten und Bratkartoffeln, einem Cordon bleu mit Handkäse und rohem Schinken gefüllt (10,90 Euro) oder einem Schweinerückensteak auf Handkäse-Sauerkrautnudeln. Wer lieber Rind mag, kann wählen zwischen einem Steak mit Handkäse-Zwiebelmus überbacken oder Geschnetzeltem in Handkäse-Sahnesoße. Entstanden sind all diese Kreationen aus einer Verlegenheit. Schorsch Fischer, Inhaber und Koch des Gasthauses, hatte nämlich in Hüttenthal zu viel Handkäse eingekauft. Also mussten die Mitarbeiter ran. Aber deren Essen hat sich wohl schnell unter den Gästen herum „gerochen.“ Das Ergebnis ist die einzigartige Handkäsekarte des Gasthauses Alt-Lichtenberg. (Fon 06166/8432)

Hottenbacher Hof

Vesperstube Hottenbacher Hof
Inhaber: Philipp Simmermacher
64397 Modautal/Klein-Bieberau
Fon 06167/445, Fax 06167/457
info@hottenbacher-hof.de, www.hottenbacher-hof.de

	Febr – Ende Nov Fr ab 16, Sa ab 14, So/Fei ab 11 Uhr Ostern und Weihnachten geschlossen
	40, außen 60
	222 m
	Forellen, Schnitzel, Leberkäse, Hausmacher Wurst und Schinken, Bratwurst, auch vom Wildschwein
	Naturspielplatz, Tiere, Kinderkarte
	willkommen
	FeWo für 5 Personen, 45 Euro/Tag
	beim Hof
	über Fischbachtal oder Modautal nach Klein-Bieberau
	Bus K58 bis Klein-Bieberau 15 Min. Fußweg oder Bus K56 bis Lichtenberg, 50 Min. Fußweg
	Schloß Lichtenberg, Klingende Steine in Steinau, keltischer Ringwall, Burg Lindenfels
	Hoffest mit Live-Musik, Schlachtessen, Martinsgans, Wildschwein, Weihnachten in der Scheune, Christbaumschlagen
	2 – Nördlicher Vorderer Odenwald

Der König im Kaiserturm

Wenn Heinrich Rettig in seiner Turmstube hinter der Theke steht, dann ist er obenauf. 605 Meter hoch und gut 15 Stufen drauf, in der höchsten Kneipe des Odenwalds, quasi der König im Kaiserturm. Seit mehr als 25 Jahren, seit 1980, macht er den Hüttenwirt in der urigen Gaststätte „Im Kaiserturm" auf der Neunkirchener Höhe. „Ich bin net hier owwe, weil ich Geld verdiene muss", aber die vielen Kontakte und Begegnungen mit seinen Gästen, die sind es ihm wert, obwohl der Mann stramm auf die 80 zugeht.

„Zu mir kommen sie alle, ob Hilfsarbeiter, Direktor oder Professor". Und alle kommen sie zu Fuß, sind mindestens eine halbe Stunde gelaufen. Auch der frühere Bundespräsident Karl Carstens, der Wander-Präsident, war hier, im Mai 1983. „Un was hewwe die do for e G' schiss gemacht". Heiner Rettig sind die spontanen Begegnungen lieber, bei denen er seine Geschichten erzählen und seine Sprüche loswerden kann.

Garemer Turm

So, wie die Geschichte von den drei Männern, die eines Tages in seiner Stube im „Garemer Turm" saßen. Er wußte gleich, die kommen vom Finanzamt. „Was wollt denn ihr hier"? Den Beamten war aufgefallen, dass der Hüttenumsatz im Sommer nur halb so hoch war wie im Winter. Ein Anlass für Heiner Rettig, die Männer aus den Amtsstuben über das echte Leben aufzuklären. Im Sommer, weiß Rettig, da verirrt sich niemand in den Wald. Da gehen die Odenwälder zu den Vereinsfesten oder auf die Kerwe, ins Schwimmbad oder fahren in Urlaub. Aber im Winter, da ist Hüttenzeit. Am besten läuft es, wenn es unten im Tal trocken und kalt ist und oben auf der Höhe Schnee liegt. Da brummt der Laden im Kaiserturm. „Awwer Juni un Juli, die konnsch vergesse."

Elfriedes Kuchen

Die Speisekarte in Heinrich Rettigs Turmstube ist schnell gelesen. Es gibt Rindswurst oder keine Rindswurst. Warm natürlich, für 2 Euro. Und Kuchen! Selbstgebacken von seiner Frau Elfriede, unten in Gadernheim. Sie geht nicht mehr mit hoch zum Turm. Dafür hilft Sohn Karsten manchmal. Schließlich

muß ja alles auch hoch geschleppt werden, Wein und Bier, Wasser und all die vielen Erfrischungsgetränke und mindestens fünf Sorten Schnaps, für Herbst und Winter, wenn es kalt ist.

Heinrich Rettig kennt das Leben, und er kennt die Welt, zumindest in Deutschland. Schließlich hat er 30 Jahre lang Grabsteine übers Land gefahren, den wichtigsten Exportartikel des kristallinen Odenwaldes. Auch der Kaiserturm ist aus heimischem Granit erbaut, aber erst im zweiten Anlauf. Der ursprüngliche Turm war ein Holzgerüst, im Drei-Kaiser-Jahr 1888 errichtet, zu Ehren von Wilhelm II. Aber 1904 legte ein Sturm das Bauwerk um. Zum 25. Bestehen des Odenwald-Klubs Darmstadt wurde dann am 7. 7. 1907 der heutige 34 m hohe Granit-Turm

eingeweiht. Im Jahre 2000 hat ihn das Land Hessen in seine Obhut genommen, um den Odenwald-Klub zu entlasten. Deshalb kassiert der Turmwirt für jede Hüttenbesteigung 50 Cent für die Landeskasse. Der Blick von oben ist bei schönem Wetter jedoch unbezahlbar.

☞ Unser Tipp

Zum Kaiserturm führen viele Wege, natürlich auch mehrere Fernwanderwege. Am nächsten kommt man über die Parkplätze „Am Rauhestein" bei Gadernheim, den „Weinweg"-Parkplatz bei Winterkasten oder den Parkplatz in Neunkirchen. Von allen drei Punkten ist es eine gute halbe Stunde zu Fuß. Bei Hitze empfiehlt Heinrich Rettig den Weinweg: „Da ist es kühler und nicht so steil". Kurz vor dem Gipfel lohnt sich ein kleiner Abstecher zu einer der beiden Quellen des Flüsschens Gersprenz, das bei Stockstadt in den Main fließt.

Und noch etwas . . .

Die Ourewäller sind erdige Leute mit einer ebensolchen Sprache. Ihre Dörfer nennen sie Gumpen oder Olfen oder Mumbach, Crumbach, Mummenroth oder einfach nur Quattelbach. Bodenständig eben. Wer mit dieser Sprache weniger vertraut ist, der kommt vielleicht ins Grübeln bei Namen wie Schnellerts oder Steigerts, Zipfen, Nonrod, Mitlechtern oder Winterkasten oder gar Affolterbach und Affhöllerbach. Und wer auch noch Falken-, Etzen- oder Weiten-Gesäß verkraftet hat, der ist reif für die Trilogie Rippen-, Ritsch- und Rittenweier, die fast in Rufweite beieinander liegen und allesamt zu Weinheim gehören. Höhepunkt der Odenwälder Dorfpoesie sind Ortsnamen, die einfach zusammenfügen, was wohl zusammengehört wie Dürr-Ellenbach, Oberflockenbach, Heiligkreuzsteinach, Wünschmichelbach, Unterschönmattenwaag oder Lützelbach-Lützelwiebelsbach, eine Kreation der Verwaltungsreform. Wie vertraut klingen da Namen wie Straßburg und Korsika, Ober- und Unter-Ostern oder Frau-Nauses, ein Ortsteil des Städtchens Höchst.

Im Kaiserturm

Im Kaiserturm
Inhaber: Heinrich Rettig
64686 Lautertal-Gadernheim,
Außerhalb
Fon 06254 / 7145 (im Turm)
oder 415 (privat)

Öffnungszeiten	Sa 11 – 17, So/Fei 10 – 17 Uhr
Plätze	28
Höhe	605 m
Essen	Streusel-, Käse- oder Quetschekuchen von Elfriede Rettig selbst gebacken
Kinder	Spielmöglichkeit im Außenbereich
Hunde	nur im Außenbereich
Übernachtung	keine
Parken	Neunkirchen oder Weinweg, jeweils 40 Min. Fußweg
Anfahrt	B 47 Nibelungenstraße, Gadernheim Richtung Neunkirchen, oder L 3399 zw. Neunkirchen und Winterkasten
Sehenswertes	Ruine Rodenstein, Felsenmeer, Lindenfels
Tipp	atemberaubende Sicht vom Turm
Wanderregion	5 – Bergstraße-Odenwald

Wenn der Schorsch überm Kirchberg weht

So mancher Bensheimer äugt erwartungsvoll den Kirchberg hinauf, um sich zu vergewissern, ob der „Schorsch" draußen hängt. Denn wenn die Fahne mit dem Heiligen Georg, dem Bensheimer Schutzpatron, über den Weinbergen gehisst ist, dann ist der ehemalige Lusttempel auf dem Balkon von Bensheim geöffnet. Manchmal hängt auch die rot-weiße Hessen-Fahne draußen.

Kirchberghäusel

Eigentlich heißt das beliebte Ausflugsziel ja Gasthaus Zum Kirchberg. Aber das interessiert niemand. Für Wanderer und Verliebte, für Stadt-Honoratioren und Ausflugsgäste von Mannheim bis Wiesbaden ist es einfach das Kirchberghäusel.

In der ersten Hälfte des 19. Jahrhunderts, als die Deutschen mit romantischem Eifer und in klassizistischer Tradition ihre Landschaft gestalteten, ist auch die Idee gewachsen, hoch über Bensheim ein Lusttempelchen zu bauen. Als 1857 mit Musik und Feuerwerk, mit Fahnen und Ehrenjungfrauen das Lusthaus auf dem Kirchberg schließlich eingeweiht werden konnte, besaßen 49 angesehene Bensheimer Bürger einen Schlüssel. Sie trafen sich auf dem Kirchberg, um den Blick in die Ebene und das Leben zu genießen. Erst 50 Jahre später bekam das Kirchberghäuschen seinen ersten Wirt. Philipp Paul (seit 1995) ist die Nummer sieben in der mehr als hundertjährigen Tradition.

Weinvesper

Der gelernte Metzger- und Küchenmeister hat seinen Laden im Griff. Das letzte Essen am Abend muss noch genau so lecker aussehen und schmecken wie das erste am Morgen, so sein Credo. Renner auf seiner Karte sind das Kochkässchnitzel (8,10 Euro) und das Kirchberg-Weinvesper, eine kleine Weinprobe mit Käse oder Hausmacher Wurst (9,50 Euro). Ansonsten gibt es die Klassiker der Odenwälder Vesperküche wie Bratwürste, Schnitzel, Koch- und Handkäse. Auf dem Tafelanschrieb stehen aktuelle und jahreszeitlich ausgerichtete Speisen wie die Bunte Ofenkartoffel, Hacksteak oder die warm geräucherte Forelle im Sommer. Die Wurst bezieht Philipp Paul von seinem Hausmetzger, Brot und Fleisch holt er bei örtlichen Bäckern und Fleischern, der Käse kommt aus Hüttenthal und Lörzenbach, der Apfelwein aus dem Weschnitztal, und der Wein kommt ausschließlich aus dem Weingut der Stadt Bensheim. Schließlich wachsen die Reben ja unmittelbar vor der Haustür. Ehrensache, dass es im Kirchberghäuschen einen Kirchberg-Riesling vom Fass gibt (3,20 Euro).

Ort der Verliebten

Das Kirchberghäusel ist an das Wanderwegenetz des Odenwalds angeschlossen. Aber für viele Bensheimer ist es auch ihr Balkon, auf den sie ihre Gäste führen, um ihnen von oben zu zeigen, wo sie wohnen. Das ehemalige Lusthaus ist natürlich auch ein Ort der Verliebten. Nicht ohne Grund gibt es in der Gaststätte jede Menge Obstweine. „Das schmeckt den Mädels“. Philipp Paul muss es wissen.

Unser Tipp

Am Kirchberghäuschen ist noch niemand verdurstet oder verhungert. Sogar während der Betriebsferien im Januar und Februar gibt es am Wochenende, also an Samstagen und Sonntagen, einen Kioskverkauf am Schalter, auch mit warmen Getränken und einem einfachen Speiseangebot.

Und noch etwas . . .

Fast an jeder Ecke des Odenwaldes begegnet man den Helden des Nibelungenlieds, den Hauptdarstellern des bedeutendsten Epos des deutschen Mittelalters. Die beiden wichtigen West-Ost-Verbindungen durch den „Otenwald" von Worms nach Wertheim sind Siegfried und den Nibelungen gewidmet. Die Siegfriedstraße führt über Heppenheim, die Nibelungenstraße über Bensheim. Und glaubt man all den selbstbewussten Zeugnissen links und rechts der Wege, dann hat der böse Hagen von Tronje den guten Siegfried mindestens ein Dutzend Mal gemeuchelt. Die besten Karten in diesem touristischen Wettstreit scheint Grasellenbach zu haben. Schließlich ließ der strahlende Held sein Leben bei einer Bärenjagd am „spehtsharte". Und der 548 m hohe Spessartkopf ist nun mal bei Grasellenbach. Die schönste und eindrucksvollste Siegfriedsquelle besitzt unbestritten die Gemeinde Schneeberg-Zittenfelden bei Amorbach. Aber auch die Siegfried- oder Lindelbrunnen bei Hiltersklingen, bei Heppenheim, am Felsenmeer bei Reichenbach oder anderswo leben gut in der Nibelungen-Fantasie zwischen Dichtung und Wahrheit.

Kirchberghäuschen

Kirchberghäuschen
Inhaber: Philipp W. Paul
64625 Bensheim
Außerhalb 2
Fon/Fax 06251 / 3267
kirchberghaeuschen@t-online.de, www.kirchberghaeuschen.de

Öffnungszeiten	tägl. ab 11 Uhr, Nov/Dez nur Wochenende (in Ferien tgl. offen), Mo Ruhetag, Jan/Feb Betriebs-Ferien
Plätze	50, außen bis 350
Höhe	223 m
Speisen	Kochkässchnitzel, Hackbraten, Kirchberg-Weinvesper
Kinder	Spielplatz, autofreie Natur
Hunde	angeleint willkommen
Übernachtung	keine
Parken	Stadtzentrum oder Schönberger Sportplatz, jeweils 20 Min. Fußweg
Auto	Stadtzentrum Bensheim über A 5, B 3 oder B 47
Haltestelle	Bahnhof Bensheim, 20 Min. Fußweg
Sehenswertes	Auerbacher Schloss, Fürstenlager, Felsenmeer Reichenbach
Besonderes	Jazz-Frühschoppen im Sept., eigener Stand bei Winzerfest und Weihnachtsmarkt
Wanderung	5 – Bergstraße-Odenwald

Waldgaststätte Vier-Stöck

Vier Stöcke und der Kürbismörder

Vier-Stöck hat natürlich nichts zu tun mit fußkranken Wanderern. Die gemütliche Waldgaststätte an der Nibelungenstraße hat ihren ungewöhnlichen Namen vielmehr von vier Stöcken, die hier oben auf dem Morsberg die Kreuzung zweier bedeutender Wege markierten. Die in den hessischen Farben rot-weiß gestreiften Pfosten wiesen einst den Kutschern die Richtung von Reichelsheim nach Miltenberg und vom Mossautal in den Raum Reinheim und Darmstadt. Aber nicht nur die Pferde-Kutscher wollten verpflegt sein, sondern auch die bis zu 300 Arbeiter in den nahen Manganerzgruben. So reicht die Tradition der Waldgststätte Vier-Stöck zurück ins Jahr 1880. Sie wird von Küchenchef Rüdiger Selig bereits in fünfter Generation geführt.

Auf dem grünen Sofa

Im Vier-Stöck sitzt man fast wie zu Hause im eigenen Wohnzimmer. Wer will, kann auch auf dem grünen Ecksofa Platz nehmen, den alten Holzschrank in der Jagdstube bewundern und sich von Küche und Service verwöhnen lassen. Auch der Gast mit dem kleinen Hunger kommt hier nicht zu kurz. Auf ihn wartet neben den klassischen Vesperangeboten zum Beispiel Rührei mit Blutwurst (6,20 Euro), Hausmacher mit Bratkartoffeln (6,50 Euro), selbstgemachte Wildleberwurst oder gegrillter Kräuter-Ziegenkäse aus Hüttenthal. Wer Lust auf ausgefallene Leckereien hat, der muß sich entscheiden zwischen gebratener Rehleber (11,70 Euro), Gulasch, Steaks oder Braten vom heimischen Wild, einem Blutwurstschnitzel, gekochter Rinderbrust oder einem vegetarischen Kohlwickel mit Kürbis-Kastanien-Füllung (8,20 Euro) zur Herbstzeit. Und vorab vielleicht eine Rinderbrühe mit Rehleberklößchen (2,80 Euro).

Eigene Räucherkammer

Was Rüdiger Selig auf den Tisch bringt, ist möglichst selbstgemacht oder stammt aus der Nachbarschaft. Das Wild kommt von den Grafen zu Erbach-Erbach und Erbach-Fürstenau, die Wurst ist aus eigener Schlachtung, der Schinken von Schwein oder Hirsch hängt in der eigenen Räucherkammer, die Bienenkörbe stehen gegenüber am Wald, Zucchini, Kürbis, Tomaten, Gemüse oder Kräuter stammen aus dem eigenen Garten, und wenn es eng wird, dann hilft eben mal der Nachbar aus. Die eigenen Äpfel kommen als Saft oder Wein aus Brensbach zurück. Dosenwurst oder Kürbismarmelade stehen zum Mitnehmen bereit. Das Vier-Stöck hat sich auf Wanderer eingestellt. Wer von hier aus den Geopark-Lehrpfad laufen will, kann sich als Wegzehrung einen Ge(o)nuss-Beutel bestellen oder eine geführte Wanderung buchen mit jahreszeitlichem Menü unter dem Motto „Erz

trifft Messer und Gabel". Gruselig wird es bei „Mörder trifft Kürbis", wenn zwei junge Autorinnen aus der Gegend zum Kürbis-Grusel-Menü aus ihren Kurz-Krimis lesen.

☞ Unser Tipp

Unmittelbar am Vier-Stöck, bei dem gleichnamigen Naturpark-Parkplatz, beginnt der rund 13 Kilometer lange Geopark-Lehrpfad durch die ehemalige Bergbaulandschaft von Reichelsheim. Er teilt sich in zwei Etappen von jeweils zwei bis drei Stunden, in die rote und die blaue Route. Hier lag das bedeutendste Erzvorkommen des Odenwaldes, eine Eisen- und Mangenerz-Lagerstätte, die über mehrere Jahrhunderte ausgebeutet worden ist. Wie am nördlichen Ausgangspunkt mit dem Vier-Stöck befindet sich auch am südlichen Wendepunkt des Lehrpfads beim Ortsteil Rohrbach eine empfehlenswerte Odenwälder Gaststätte, die Pension Lärmfeuer. Hierher fährt im Sommer der NaTour Bus. Nach Ober-Kainsbach kommt man mit der Linie 30. Von hier sind es noch 30 Minuten Fußweg zum Vier-Stöck.

Und noch etwas ...

Fünf Autominuten vom Vier-Stöck entfernt, in Ortsteil Beerfurth, finden wir den letzten Gäulschesmacher im Odenwald. Einst gab es in der Gegend um Reichelsheim 23 Holzdrechsler. Heute machen nur noch Harald Boos und Annette Krämer die traditionellen Odenwälder Holzpferdchen, seit 1899 in Familientradition. Zwölf verschiedene Typen haben sie im Angebot, jedes Stück handgefertigt. Obwohl der Zeitgeschmack auf natur lackierten Gäulchen steht, gehen die traditionell grauweiß bemalten besser. Nach alten Mustern, die er in Kisten gefunden hat, drechselt Harald Boos neuerdings auch Jahrespferde. Mitunter erfüllt er sich seinen Traum und zuckelt mit seinem alten englischen Zigeunerwagen durch den Odenwald und bietet seine Gäulscher an.

Waldgaststätte Vier-Stöck

Waldgaststätte Vier-Stöck
Inhaber:
Fam. Weber und Selig
64385 Reichelsheim
Am Morsberg 20
Fon 06164 / 1371
www.vier-stöck.de

	11 bis 20 Uhr durchgehend warme Küche Ruhetage Mo und Do Betriebsferien Januar und 2 Wochen im Sommer
	Jagdstube 40 Personen, Kaminzimmer 28, Saal variabel bis 130
	370 m
	Wild, kulinarische Jahreszeiten
	eigene Kinderkarte, Malstifte
	willkommen
	keine
	beim Haus, Naturpark-P Vier-Stöck
	über B 47 Michelstadt - Reichelsheim (Nibelungenstraße)
	Schul-Bushaltestelle vorm Haus
	Ruine Rodenstein, Schloss Lichtenberg, Regionalmuseum Reichelsheim, Freilandmuseum Keilvelter Hof, Michelstadt, Erbach
	Geführte Wanderungen, Literatur kulinarisch
	4 – Rodensteiner Land

Gasthof Zum Grünen Baum

Neues Grün im Schatten der Dorflinde

So grün war der „Baum" schon lange nicht mehr. Das traditionsreiche Haus am idyllischen Dorfplatz von Neunkirchen hat Saft und Kraft wie seit vielen Jahren nicht mehr. Das verdankt er einem jungen Mann aus Sardinien, der am Niederrhein aufgewachsen ist und im Odenwald Heimat und Bestimmung gefunden hat. Giorgio Floris will seinen Grünen Baum im Schatten der Dorflinde zu neuer Blüte führen. Und er ist auf dem besten Weg dahin.

Der Grüne Baum hat sich dem Label „Odenwald-Gasthaus" angeschlossen und setzt konsequent auf frische landschaftstypische Produkte aus heimischer Tradition. Als Gast wird man Zeuge, wie die Bäuerin aus dem Nachbardorf Hallertshofen frischen Most vorbeibringt oder einen Sack Kartoffeln in die Küche des Grünen Baumes schleppt. Giorgio Floris nimmt, was es gerade gibt.

Frisch auf den Tisch

Liefert der Bauer schönen Wirsing, dann gibt es Wirsingrouladen. Sieht er irgendwo frische Doraden, dann kommen eben Doraden auf den Tisch. Aber immer nur für den Tagesbedarf, eben möglichst frisch. Fleisch- und Wurstwaren sowie Milch- und Käseprodukte bezieht der Grüne Baum von heimischen Landwirten und regionalen Erzeugern. Den kürzesten Weg haben die Forellen, die Floris im Pfännchen serviert. Er holt sie eigenhändig aus dem Forellenteich gleich um die Ecke. Auch Apfelsaft und Apfelwein „made in Odenwald“. Die ne kommen von Winzer der Bergstraße, Kuchen Brot aus eigener Produ oder von Bäckern aus de liegenden Dörfern.

Handkäse gebacken

Natürlich beherrscht Giorgio Floris die gehobene Küche. Aber immer sucht er die „Erdung“ ins Bodenständige. Und behutsam übt er sich in dem Spagat zwischen Odenwald und Mittelmeer, seiner Heimat. Selbstverständlich hat er ein Kochkässchnitzel auf der Karte oder Käsespätzle, aber auch Lammcarrée, Hasenfilet, Wildschwein oder Fisch, je nachdem, was gerade gut und frisch auf dem Markt ist. Aber gebackenen Handkäse mit Preiselbeeren haben wir nur hier und sonst nirgendwo im Odenwald gefunden – weil ein Deutscher aus Sardinien im Odenwald Lust auf Süsses hatte.

Können Sie sich ein Odenwälder Schlachtfest bei einem deutschen Italiener vorstellen? Giorgio Floris macht so etwas, gemeinsam mit seinem Bauern, der noch selbst schlachtet. Floris hat selbst gelernt, ein Wildschwein „abzuhauen“ oder ein Reh zu zerlegen. Lammwoche, Kartoffelwoche, Schlachtfest – da geht noch was.

Während man aus der wohligwarmen Stube einen weiten Blick über den Odenwald genießt, sitzt man im Sommer quasi auf dem Dorfplatz. Im Rücken der Grüne Baum, vor sich die Dorflinde und den Dorfbrunnen – schöner geht es eigentlich nicht mehr. Viele Wanderer und Radler haben dieses Verwöhn-Idyll mitten im

Hundert-Seelen-Örtchen Neunkirchen, übrigens dem höchstgelegenen Dorf im Hessischen Odenwald, für sich entdeckt.

☞ Unser Tipp

In Sichtweite des Grünen Baumes steht die ehemalige Wallfahrtskirche Cosmas und Damian, die die Silhouette des Neunkircher Hügels bestimmt. Die heute noch auf dem Kirchplatz sprudelnde Quelle soll in frühchristlicher Zeit sagenhafte Heilkräfte besessen haben. Nach Einsiedelei und Wallfahrtskapelle ist 1480 eine Kirche entstanden. Die Quelle ist heute unterirdisch abgeleitet und tritt im Quelltopf vor der Dorf-Feuerwehr zutage. Bemerkenswert sind die 250 Jahre alte Linde am Eingang zur Kirche, die 1883 zum 400. Geburtstag des Reformators gepflanzte Luther-Linde und ein mächtiger Nussbaum auf der Südseite.

Und noch etwas . . .

Die Geschichte des gut 400 Jahre alten Gasthauses schien bereits zu Ende geschrieben, als vor einigen Jahren der Dachstuhl in Flammen stand und dem Gebäude der Abriss drohte. Aber der Architekt Bernd Gronert hat dem Traditionshaus mit großem Aufwand, mit Stil und viel Geschmack eine neue Zukunft gegeben. Überall spürt man den Willen, dem Grünen Baum seinen ursprünglichen Charakter als gemütliche Gaststube zu erhalten. Allein die gut 30 cm breiten Bohlen des Holzbodens sind eine Augenweide. Mehr als einen Blick verdienen auch die alten vergilbten Fotos an den Wänden, die Geschichten erzählen von den Menschen, die in diesem Haus gelebt und gearbeitet haben oder gestorben sind wie das Fräulein Lies'chen.

Gasthof Zum Grünen Baum

Gasthof Zum Grünen Baum
Inhaber: Giorgio Floris
64397 Modautal-Neunkirchen
Neunkirchen 11
Fon 06254 / 943494
giorgio-floris@web.de, www.zumgruenenbaum-floris.de

Öffnungszeiten	täglich 11 – 22 Uhr warme Küche, Mo/Di Ruhetage
Plätze	Gaststätte 30, Nebenräume 40, Saal 80, Gewölbe-Keller 30
Höhe	520 m
Spezialitäten	Lammcarée auf Rosmarinsauce, Odenwälder Forelle im Pfännchen
Kinder	Kindergerichte, Bolzplatz und Bach in der Nähe
Hunde	willkommen
Übernachtung	geplant
Parken	100 m
Anfahrt	B 47 Bensheim – Lindenfels, Abfahrt Gadernheim
Haltestelle	Neunkircher Höhe, ca. 2 Min.
Sehenswürdigkeiten	Kaiserturm, Rodenstein, Felsenmeer
Besonderes	Kochkurse für Kinder und Erwachsene, Catering, Bierfest, Schlachtfest
Wanderregion	5 – Bergstraße-Odenwald

Auch der Große Samuel genoss die Freiheit

Die Geschichte der Freiheit beginnt mit einer deftigen Schlägerei. Am 13. Oktober 1456 verurteilte das Gericht von Ober-Ramstadt den Lenhart Müller zu einer Buße, weil er „uff der Friiheit" den jungen Peder Heynults übel zugerichtet hatte. Das war die früheste, aber sicher nicht die einzige Keilerei auf diesem Flecken Niemandsland, der Räubern, Taugenichtsen und anderem Gesindel Zuflucht und Asyl bot. In dem unter drei Lehensherren aufgeteilten Dorf Laudenau war die „Freiheit" rechtsfreier Raum und damit Zuflucht für Gauner und Ganoven, aber auch Quell für sagenhafte Räuberpistolen. Zu Beginn des 19. Jahrhunderts, als Schinderhannes und Hölzerlips das Land in Atem hielten, war die Freiheit Hauptquartier der Odenwälder Räuberbanden. Hier feierten sie ihre Zechgelage, hier teilten sie ihre Beute. Die im Rodensteiner Land bekanntesten, wie Johann Adam Heusner und der "Große Samuel", hatten mehr als 130 Delikte auf dem Kerbholz, als sie 1814 zum Tode durch das Schwert verurteilt wurden.

Zuflucht für Wanderer

Doch spätestens seit 1903, als Johann Peter Krichbaum sich die Freiheit kaufte, ist das rund 250 Jahre alte Gasthaus friedlicher Ruhepunkt und Zuflucht für Wanderer, Genießer und

Freunde Odenwälder Gastlichkeit. Heute führt sein Enkel Jürgen Katzenmeier das Haus. Mehrere Monate als Smut auf dem Zwei-Mast-Schoner „Ashanti of Saba" und anderthalb Jahre Hotelkoch in New Jersey haben ihn als bekennenden Odenwälder geprägt. Engagiert kultiviert er seither die Tradition der heimischen Küche und setzt konsequent auf regionale Produkte. Das Fleisch kommt aus Fränkisch Crumbach und Brensbach, das Geflügel aus Laudenau und Mörlenbach und der Fisch aus Hüttenthal. Der Birnenbrand kommt „vunn hinnerm Haus", der Vogelbeerbrand „vunn direkt vorm Haus".

Die Freiheit ist mehr als eine Dorfwirtschaft. Sie ist so etwas wie ein Programm, vom Kochkäse bis zum Lammrücken, vom Apfelwein bis zum gepflegten Spätburgunder. Die Vesperkarte reicht vom Griebenschmalztöpfchen über Koch- und Handkäse (4,50 Euro) bis zur Freiheitsplatte („vunn allem e bissje"). Ansonsten kennt die Kreativität fast keine Grenzen. Neben Rinderroulade (12,90 Euro), Rumpsteak und Kochkässchnitzel gibt es Kässpätzle aus Hüttenthaler Nibelungenkäse, Ourewälle' Eppelwoihinkelsche (10,90 Euro), aber auch (auf Bestellung) Fondue von Odenwälder Süßwasserfischen, Hirsch in Kirsch, Lebkuchenspätzle oder „Dem grouße Somuel soi Leibspeiß" für die Kinder. Katzenmeiers Credo: Hauptsache, es wird nie langweilig.

Erwähnenswert ist der neue rund 1000 Quadratmeter große Freiheitsgarten hinterm Haus. Hier können bis zu 80 Gäste fast intim an einzeln stehenden Tischen speisen oder zechen, in einem kleinen Paradies mit Streuobstwiesen, Quetschen,

Quitten, Birnen, Himbeeren oder Johannisbeeren, die in der Brennerei Walz in Fürth veredelt werden.

☞ Unser Tipp

Von der Freiheit aus erschließen sich eine Handvoll sagenhafter Wanderziele. In höchstens einer halben Stunde laufen wir über die Felsformation Wildweibchenstein und den nach starkem Regen imposanten Wasserfall Fallender Bach zur Ruine Rodenstein. Ein etwa dreistündiger Rundweg führt über Winterkasten zum Kaiserturm und wieder zurück über Neunkirchen, das höchste Dorf des Odenwaldes. Empfehlenswert ist auch die Strecke über Rodenstein nach Fischbachtal mit dem Schloss Lichtenberg und den Zwölf Aposteln bei Nonrod.

Und noch etwas . . .

Der Runde Tisch in der Ecke der Wirtschaft war der Lieblingsplatz von Werner Bergengruen. Der Dichter hat den Sommer 1925 in Lindenfels verbracht und ist dabei dem mythischen Sagenstoff um die Burg Rodenstein und die Rodensteiner verfallen. Um authentisch an diese Geschichten und Legenden heranzukommen, mischte er sich in der Freiheit unter die Bauern am Stammtisch, leerte mit ihnen so manche Flasche Kirschwasser und hielt ihre Erzählungen fest. Das Ergebnis ist „Das Buch Rodenstein", 1927 erschienen, mit 29 Erzählungen und Novellen. Auch Joseph Viktor von Scheffel setzte dem Ritter von Rodenstein, der in Heidelberg ganze Dörfer versoffen haben soll, ein Denkmal: „Wer reit' mit 20 Knappen ein zu Heidelberg im Hirschen? Das ist der Herr von Rodenstein, auf Rheinwein will er pirschen".

Zur Freiheit

Gasthaus
Zur Freiheit
Inhaber:
Jürgen Katzenmeier
Freiheitsstraße 20
64385 Reichelsheim-
Laudenau
Fon 06164 / 1032,
Fax 06164 / 912 955
gasthaus@zurfreiheit.de
www.zurfreiheit.de

täglich ab 11 Uhr, kein Ruhetag

Wirtschaft 30 Personen, Nebenräume 22 und 55, Terrasse 40, Freiheitsgarten 80

412 m

Scheckische Gickel, Odenwälder Angelspiel, Genudelter Abt

Kinderkarte, Spielecke, 2 Spielplätze im Freien

willkommen

keine

beim Haus, 100 m zum NaturparkP

B47 Bensheim – Michelstadt, über Reichelsheim-Klein-Gumpen oder über Winterkasten nach Laudenau

Rufbus, Reichelsheim, noch 400 m

Ruine Rodenstein, Regionalmuseum Reichelsheim, Kaiserturm, Gäulschesmacher, Felsenmeer Lautertal

Freiheitsladen mit regionalen Produkten, Freiheitsgarten, Sonderaktionen, Themenwochen

4 – Rodensteiner Land
5 – Bergstraße-Odenwald

Beerfelder Galgen

Heckenhof als Kurangebot für Wanderer

Eigentlich war alles nur als Abwechslung gedacht für die Kurgäste in Bad König. Eine flotte Landpartie in die ländliche Umgebung. Da bot sich natürlich der Heckenhof an. Und so kutschiert heute noch an jedem zweiten Mittwoch eine ganze Fuhre voller rüstiger Damen und Herren hinaus aufs Land, um es sich bei deftigem Vesper, bei Apfelwein und Musik gut gehen zu lassen. So hat sich der Heckenhof im Laufe der Jahre als beliebte Raststätte für Wanderer, Radfahrer oder Reiter etabliert.

Im Heckenhof geht es wahrhaft rustikal zu. In den beiden mit viel Holz ausgestatteten Innenräumen sitzen die Gäste nämlich in der ehemaligen Maschinenhalle des alten Bauernhofs. Die Wände und Abstellflächen sind voll mit landwirtschaftlichem Gerät, vom Sägeblatt über das Pferdegeschirr bis zu präparierten Vögeln. Und in der Ecke stehen eine Gitarre und die Quetschkommod bereit, falls einer der Gäste den Rhythmus vorgeben will.

Vespern wie auf dem Land

Da die Wanderer-Raststätte keine Küchen-Konzession hat, bleibt auch die Vesperkarte im ländlichen Genre.

Hausmacher Wurst und Kochkäse, die Heckenhofplatte (4,80 Euro) oder eine ganze Pfanne mit 5 oder 6 Eiern mit Speck (2,80 Euro). Selbst gebacken sind auch die Kuchen, Obstkuchen mit Früchten vom Hof oder Käsekuchen mit Eiern von den frei herum springenden Hühnern. Auch der Apfelwein kommt vom Heckenhof, der über eine eigene Lohnkelterei verfügt.

Regionale Produkte

Der Heckenhof gehört zu den neun Landmarkt-Betrieben, die auch Supermärkte mit regionalen Produkten beliefern, um so zum Erhalt der bäuerlichen Landwirtschaft im hessischen Odenwald beizutragen. In diesem Sortiment ist er mit seinem selbst gekelterten Apfelwein vertreten. Ein weiterer Landmarkt-Betrieb, die Metzgerei Siefert aus Fronhofen, liefert dem Heckenhof Fleisch und Wurst für die Vesperküche.

Vor allem am Wochenende suchen viele Wanderer den Weg zum Heckenhof. Sie kommen auf den gut markierten Wegen von Bad König oder Höchst, von Kimbach, Rimhorn, Breitenbrunn oder Mümling-Grumbach herüber, nicht wenige hoch zu Ross. Während die Erwachsenen die ländliche Ruhe, die frische Luft und die Angebote der Speisekarte genießen, finden Kinder einen herrlichen Naturspielplatz, mit verschiedenen Tieren und vor allem den vielen Kälbchen, die mit den Mutterkühen das ganze Jahr über auf der Weide stehen.

Und noch etwas . . .

Gar nicht so weit entfernt vom Heckenhof erhebt sich der strategisch für den Odenwald so wichtige Breuberg. Als im 30jährigen Krieg zu Beginn des 17. Jahrhunderts feindliche Söldner das Land zwischen Rhein und Main bedrohten, baute man im Odenwald ein nahezu perfektes Alarmsystem auf, die sogenannten Lärmfeuer. Auf zwei Linien postierte man auf markanten Höhenzügen Beobachter, die bei Gefahr im Verzug große Holzfeuer anzündeten, die die Nachricht dann wie ein Lauffeuer von Berg zu Berg und in jedes Tal trugen. Der Begriff Lärmfeuer hat nichts zu tun mit Lärmen oder Krach machen, sondern mit Alarm und Alarmieren und kommt wahrscheinlich von dem italienischen Aufruf „all' arme", zu den Waffen. Es gab nämlich auch ein ausgeklügeltes Netz von Sammelpunkten, an denen sich die bewaffneten Mannen der Odenwälder Landesfürsten trafen, wenn die Berge brannten. Dieses Warnsystem zog sich vom Rhein über die Lorscher Düne zur Starkenburg, dann über die Neunkircher Höhe, den Otzberg und den Breuberg hinunter zum Main. Eine zweite Linie führte weiter südöstlich über die Sensbacher Höhe und den Krähberg. Die letzten Lärmfeuer wurden im Odenwald um das Jahr 1800 in den Napoleonischen Kriegen angezündet.

☞ Unser Tipp

Das Lärmfeuer ist auch ein Thema beim Drachenweg, einem Rundwanderweg durch die Geschichte des Mossautals. Dazu hat Geopark-Ranger Michael Hahl eine sehr informative 32-seitige Broschüre verfasst, die man über die Gemeinde Mossautal beziehen kann. Sie lässt sich auch von der Website des Geopark Bergstraße-Odenwald kostenlos herunterladen und ausdrucken (www.geo-naturpark.de). Es lohnt sich, dort auch nach anderen Odenwald-Themen zu stöbern.

Wanderer-Raststätte Heckenhof

Wanderer-Raststätte Heckenhof
Inhaberin: Waltraut Frindt
Heckenhof
64732 Bad König-Fürstengrund
Fon 06063 / 2677, Fax 3952

Mai – Okt tägl. ab 13, So ab 9 Uhr, Di Ruhetag

100, außen 50

275 m

Hausmacher Wurst, Käsekuchen, Apfelwein

Spielplatz, Tiere

willkommen

keine

beim Haus

Bad König-Fürstengrund,
ca. 2 km ausgeschildert durch den Wald

Bahn bis Bad König, 45 Min. Fußweg,
oder Bus bis Fürstengrund, noch 20 Min.

Burg Breuberg, Limes,
Therme Bad König, Hügelgrab

Köhlerfest im August, Kelterfest im Herbst,
Brennholz

3 – Breuberger Land

Wo die Schääf Lammgulasch schnuppern

Auf dem Sophienhof schauen einem die Schafe schon mal ins Lammgulasch. Das gehört zum ländlichen Idyll. Eigentlich hatte der Aussiedlerhof am Ende des Pitschgrunds von Rai-Breitenbach die Landwirtschaft „uffgewwe". Aber Opa Fritz Blickhahn brauchte „e bissje Vieh". Und deshalb hält er sich „soi Schääf", rund 50 Stück.

Schafe, Schafe

Und die grasen rund um den Hof, mal auf der Wiese vor dem Haus oder auf dem grünen Hang gleich hinterm Haus. Und da stehen auch die Biertische vom Sophienhof. Nahe liegend, dass Lammgerichte wie Gulasch, Braten oder Hacksteak zu den Spezialitäten der Sophienhofküche gehören.

„Gstampes"

Am Herd führen Ute Blickhahn und ihre Mutter Margit das Regiment. Neben den Lammgerichten sind sie stolz auf ihre Markklößchensuppe (2,50 Euro), auf Rumpsteak und Schnitzel (Kochkässchnitzel ab 6,20 Euro, je nach Beilagen), oder auf Tafelspitz mit Meerrettich. Je nach Jahreszeit gibt es auch einen Kartoffelsalat mit Bärlauch zu Eiern oder Schnitzel oder „Gstampes", einen Eintopf mit gelben Rüben, Kartoffeln, Untererdkohlraben und Salzfleisch. Und vor allem den Rawischen Max, ein Schnitzel mit zwei Spiegeleiern, Röstzwiebeln, Bauernbrot und einem Salatteller (6,70 / 7,70 Euro).

Rawisch und Bramisch

Rawisch meint auf mainfränkisch das Bächlein Raibach, das durch den Sophienhof fließt und dem früheren Dorf Raibach seinen Namen gab. Ähnlich schmal ist der Breitenbach in dem gleichnamigen Weiler gleich hinter dem Berg, in der Sprache der Einheimischen Bramisch genannt. Vor rund 150 Jahren steckten Sprachästheten Raibach und Breitenbach (oder Rawisch und Bramisch) in den Worthäcksler und heraus kam Rai-Breitenbach.

Der Sophienhof hat seinen Namen von der Ur-Großmutter, die den Aussiedlerhof noch mit aufgebaut hat. Sie betrieb bereits eine kleine Bedarfswirtschaft, in der es schon mal belegte Brote gab oder Rippchen mit Kraut. „Früher is jo niemand esse gange uffm Land“. Heute ist das anders. Der Sophienhof ist ein beliebtes Ziel von Familien, von Wanderern und Radfahrern, von Motobikern und Reitern. Vor allem aus dem Bayrischen kommen viele mit der Kutsche oder dem Planwagen herüber. Von hier aus gibt es Wege für jeden Anspruch.

Komm, Liselottche

Zur Idylle im Pitschgrund gehören nicht nur die Wiesen und Wälder und der unscheinbare Raibach, sondern vor allem auch die zutraulichen Schafe. Doch wenn Fritz Blickhahn allabendlich sein „Komm, Liselottche, komm, komm“ ruft, dann wissen die „Schääf“, dass es Zeit ist für den Stall. Auf den Biertischen kreist dann schon mal der Drei-Liter-Bembel mit Apfelwein aus Mümling-Grumbach.

☞ Unser Tipp

Im Breuberger Stadtteil Wald-Amorbach finden wir eines der letzten Gemeindebackhäuser des hessischen Odenwaldes. Da die vielen privaten Backöfen früher ein ständiger Brandherd waren, drängte das Großherzogtum Hessen schon im 18. Jahrhundert per Regierungserlass darauf, in den Dörfern öffentliche Backhäuser zu bauen. Vor allem im nördlichen Odenwald gab man diesem Druck nach. Weiter südlich behielten viele Bauern ihre Öfen, die meist mit den Sauställen kombiniert waren und neben dem Backen auch zum Trocknen von Dörrobst benutzt wurden. Trockenobst war in jener Zeit ein gutes Geschäft und diente den zahlreichen Auswanderern nach Amerika als Proviant.

Gemeinsam backen

Heute sind nur noch wenige dieser öffentlichen Backhäuser erhalten wie etwa in Otzberg-Hering, Heubach oder in dem 560-Seelen-Ort Wald-Amorbach. Hier haben sich mehrere Backgemeinschaften zusammengefunden, die wieder regelmäßig ihr Brot backen. Heiß her geht es im Juli, wenn das Backesfest gefeiert wird.

Und noch etwas ...

Das gesamte Breuberger Land wird überragt von der Burg und Feste Breuberg, die zu den eindrucksvollsten und am besten erhaltenen Burgen Deutschlands zählt. Sie wurde im 12. Jahrhundert vom Kloster Fulda erbaut, um dessen klösterliche Besitzungen im Odenwald zu schützen. Breuberg steht 150 Meter hoch über dem Tal der Mümling auf einem Buntsandsteinkegel. Mit der Burg verbinden sich zahlreiche Märchen und Sagen, die heute noch im Breuberger Land erzählt werden. Die Burg Breuberg ist im Besitz des Landes Hessen und wird zu großen Teilen als moderne Jugendherberge genutzt. In der unteren Burganlage ist das Breuberg-Museum untergebracht mit Sammlungen zur Geschichte der Burg und der Region.

Speisegaststätte Sophienhof

Speisegaststätte Sophienhof
Inhaberin: Ute Blickhahn
Im Pitschgrund
64747 Breuberg, Rai-Breitenbach
Fon 06165 / 543

Öffnungszeiten	täglich ab 11 Uhr, Mo/Di Ruhetag 2 Wochen Betriebsferien an Fastnacht
Plätze	65, Pergola 45, Biergarten 40
Höhe	170 m
Küche	Lamm aus eigener Zucht, Rawischer Max
Kinder	Spielplatz, Kinderkarte
Hunde	willkommen
Übernachtung	keine
Parken	beim Haus
Auto	B 426 Höchst i. O. – Obernburg, Ausfahrt Rai-Breitenbach, bis Ende Pitschgrund
Haltestelle	ab Bahnhof Höchst Bus bis Breuberg-Rosenbach, noch 30 Min. Fußweg
Sehenswertes	Burg Breuberg, Limes, Bergkirche Rai-Breitenbach
Wandertour	3 – Breuberger Land

Hähnchen in hellem Weizen ersoffen

Der Stern von Rüdenau – das wäre auch ein guter Filmtitel. Das im Jahr 1700 gebaute Fachwerkhaus als Kulisse, die gastliche Stube und die dazugehörige Landmetzgerei als Drehorte, der Gast in der Hauptrolle. Ersoffene Hähnchen, geschmorte Enten oder Braten im Doppelbock bieten ebenso viel Stoff für eine gute Geschichte wie all die herrlichen Wanderwege, die hier vorbeiführen.

Wahrscheinlich ist das heutige Gasthaus mit dem großen Sandsteinkeller als Zehntenhaus erbaut worden, in dem die Weinabgaben der Rüdenauer Bauern lagerten, auch wenn es hier schon lange keine Weinberge mehr gibt. Auf einer Flurkarte von 1845 finden wir hier bereits eine Schänke, und seit der Steinbildhauer Franz Grimm 1898 die Land- und Gastwirtschaft übernahm, ist der Stern in Familienbesitz. Zunächst kam ein Krämerladen dazu, später die Poststelle und schließlich die Landmetzgerei.

Bei Sterne-Köchen

Dieter Baumann, der nächste Spross in der Familientradition des Stern, hat als Bester seines Jahrgangs die Metzger-Prüfung abgelegt und in den feinsten Küchen

den Beruf des Kochs erlernt. Versteht sich, dass sich der Stern-Koch auch bei Sterne-Köchen umgesehen hat, bei Emil Kuntz im südpfälzischen Hayna und bei Manfred Schwarz, dem Leibkoch von Helmut Kohl in Deidesheim. Im eigenen Haus setzt Dieter Baumann bewusst auf die mainfränkische Tradition, auf einfache, aber auch verfeinerte Küche.

Frische Produkte

Wichtig sind ihm frische und regionale Produkte. Da er zusammen mit dem Senior Gerhard Baumann auch die Metzgerei führt, kann er sich auf beste und frische Zutaten verlassen. So kommt das Tartar fast aus dem Fleischwolf direkt auf den Teller. Ähnlich ist es mit der Weißwurst, einer Spezialität der Baumanns. Für größeren Hunger empfiehlt sich der Fränkische Sauerbraten (10,90 Euro), ein Hirschgulasch, eingemachtes Kalbfleisch oder Schweinebraten in Starkbier-Soße und vorneweg eine Mostsuppe mit Garnelen. Oder wie wäre es mit ausgelöster Lammhaxe auf Rotweingemüse mit Bärlauchrisotto, mit einem rosa gebratenen Wildhasen auf Portweinrahm oder einem Bierhahn, in hellem Weizen ersoffenes Hähnchenbrustfilet auf Rahmwirsing (11,50 Euro). Dazu gibt es ausschließlich Wein vom Main, Miltenberger Bier und Apfelwein aus dem eigenen Keller. Das Gasthaus Stern liegt zwar an der Hauptstraße, aber die heißt nur so, weil es in Rüdenau kaum nennenswerte andere Straßen gibt. Denn bald hinterm Stern ist Schluß mit der Straße und dem Tal, das rund fünf Kilometer von Miltenberg heraufzieht in den Odenwald. Idealer Ausgangspunkt also für gleich mehrere schöne Rundwanderwege, die alle beim Stern vorbeikommen. Auch der blaue Flügel des Odenwald-Schmetterlings, der 97 Kilometer lange Frankenweg.

Unser Tipp

Die Rüdenauer Kartoffel-Wurst ist bei Wanderern ein Begriff. „Die gibt es nur bei uns", sagt der Stern-Metzger und Koch Dieter Baumann. Die mit Kartoffeln versetzte, leicht geräucherte Blutwurst kann man aus der Hand essen. Sie geht in ihrem Ursprung zurück in die bitterarmen Jahre Mitte des 18. Jahrhunderts, als die Kartoffel in den Odenwald kam. Da die Menschen das Griebenfett für andere Zwecke brauchten, verlängerten sie die Wurst eben mit Kartoffeln. Heute finden wir noch in vielen Odenwälder Wirtschaften eine Art Bauernfrühstück aus Blutwurst und gebackenen Kartoffeln, mitunter auch mit Ei. Damals aus der Not geboren, liegt die Kartoffelwurst heute im Trend fettarmer Ernährung. Im Sommer gibt es sie allerdings nicht immer.

Und noch etwas . . .

Zu den Rundwanderwegen, die zum Stern in Rüdenau führen, gehört auch der Odenwald-Main-Spessart-Weg mit dem gelben W als Wanderzeichen. Er führt über Kleinheubach, vorbei am Schloss, durch den zwei Kilometer langen englischen Schlossgarten über den Main hinüber nach Großheubach mit seinem sehenswerten Rathaus aus dem Jahr 1611. Dann geht es 612 Stufen die Engelsstaffel hinauf zum Kloster Engelberg. In dem alten Wallfahrtskloster leben heute 5 Franziskaner-Brüder. Bruder Helmut ist zuständig für die Klosterschänke, die täglich von 10–18 Uhr geöffnet hat (Mo Ruhetag). Hier kann man sich nach bester Mönchsart dem Klosterbier vom Holzfass, Engelberger Klosterkäse oder ähnlichen Verlockungen hingeben. Göttlich gestärkt geht es dann weiter nach Miltenberg, durch die Altstadt, und wieder zurück über den Main nach Breitendiel. Bevor man das Ziel in Rüdenau erreicht, kommt man am Bullauer Berg an den Heune-Säulen vorbei. Die mächtigen Sandsteinsäulen sind rund 1000 Jahre alt und sollen für den Mainzer Dom bestimmt gewesen sein. Von ehemals 14 Säulen liegen noch sechs hier im Wald, jede rund sieben Meter lang und etwa 1,3o m dick. Den insgesamt 23 km langen Weg kann man auch auf 16 km verkürzen.

Gasthof – Metzgerei Zum Stern

Gasthof – Metzgerei Zum Stern
Inhaber:
Gerhard Baumann
Hauptstraße 41
63924 Rüdenau
Fon 09371/ 2834, Fax 69363
www.stern-ruedenau.de, info@stern.ruedenau.de

Öffnungszeiten	tägl. ab 7 Uhr, Mi Ruhetag, Mai – Aug 14 – 16 Uhr Pause oder auf Anmeldung
Plätze	35, Nebenzimmer 60, Terrasse 20, Frankenstube 30, Saal 150
Höhe	196 m
Küche	Tafelspitz mit Meerrettich, Fränkischer Sauerbraten, Bierbraten, Wildgerichte, Tartar, Weißwurst
Kinder	Kindergerichte, öffentlicher Spielplatz in der Nähe
Hunde	willkommen
Übernachtung	18 Betten, ÜF ab 30 Euro
Parken	beim Haus
Anfahrt	B 469 Miltenberg – Obernburg, Abbiegen nach Rüdenau, Achtung: Straße endet hier
Haltestelle	Stadtbus vom Zentrum Miltenberg, H Rathaus Rüdenau
Sehenswertes	Ottilienbrunnen, Heune-Säulen, Kloster Engelberg, Amorbach, Miltenberg
Besonderes	Eigene Metzgerei, Kulinarische Wochen, Mehr-Tages-Arrangements (Reservierung empfohlen)
Wanderung	7 – Maintal - Odenwald

Anni's Pfeile locken zum Römervesper

Anni setzt ganz auf ihre Pfeile. In den Wäldern und Auen um Waldauerbach weisen sie dem Wanderer den richtigen Weg. Die Pfeile führen nämlich alle zu Anni's Vesperhütte. „Das ist meine beste Werbung“, sagt sie. Neben der persönlichen Empfehlung natürlich. Früher waren die handgemachten Wegweiser als Souvenir heiß begehrt und mussten immer wieder ersetzt werden. Deshalb setzt Anni inzwischen auf Kunststoff-Pfeile. Aber auch die zeigen, wo es lang geht: Zu einer der wenigen und vielleicht urigsten bewirtschafteten Wanderhütte im Odenwald.

Auf dem Limes

Dabei wollte Franz Frühauf eigentlich nur ein Plätzchen finden, wo er seine Pferdeleidenschaft ausleben konnte. Und in Waldauerbach fand er schließlich ein altes verlassenes Bauernhaus. Dass dieses Haus wahrscheinlich auf dem alten Limes steht und möglicherweise aus Steinen von einem römischen Wachturm gebaut ist, das war ihm dabei zunächst egal.

Heimat sammeln

Aber inzwischen sammelt er akribisch alles, was er über seine neue Heimat in die Hände bekommt, egal ob es um die Römer geht oder die Winterhauchbande um den Räuber Hölzerlips. Der gebürtige Österreicher, in Heidelberg aufgewachsen, hat im Odenwald sein Glück gemacht. Dazu gehört auch Anni, Anita Frühauf, seine Frau und Wirtin der Vesperstube.

Anni hat zwar nur die Lizenz für eine Vesperküche, aber sie macht das Beste draus. Ihr Schlager sind die Lukanischen Bauernbratwürste, hausgemacht nach dem Rezept des römischen Kochbuch-Autors Marcus Gavius Apicius. So ganz nach dem Motto, wenn schon auf dem Limes, dann auch römisch kochen. Ihr Rezept verrät Anni freilich nicht. Apicius jedenfalls nahm Pfeffer, Kümmel, Bohnenkraut, Raute, Petersilie, Gewürze, Lorbeer und Liquamen, eine in der römischen Küche unabdingbare Fischlake, gab Hackfleisch und Pinienkerne dazu und räucherte die Wurst leicht an. Bei Anni gibt's diese kräftig gewürzte Wurst im Gemüse-Eintopf (4,50 Euro) oder aus der Pfanne.

Ochsenschorle

Auf der Karte der Vesperhütte finden wir ansonsten Rindswürste, Wienerle oder Rote, Currywurst, hausgemachte Wildschweinbratwurst, Wurstsalat, Gemüse-Eintopf oder selbst gemachten Kochkäse. Gegen den Durst empfiehlt die Wirtin neben Alkoholfreiem den im eigenen Sandsteinkeller gereiften Apfelmost, die Ochsenschorle, Bier vom Fass und den hausgemachten Blut-

wurz, eine Rarität. Da ihre kleine Hüttenküche für große Festivitäten nicht ausgelegt ist, weicht sie auch schon mal in den Hof aus mit einer Flammkuchenparty oder einem Grillfest. Gruppen sei auf jeden Fall angeraten, sich vorher anzumelden. Dann weiß Franz Frühauf auch, dass er schon mal die Gitarre bereithält. Denn wenn die Stimmung danach ist, dann spielt er gern ein paar Lumpeliedle oder einen Querschnitt durch das Liedgut der Wanderer.

☞ Unser Tipp

Das verlassene Geisterdorf Galmbach ist allemal einen Besuch wert. Ob es tatsächlich ein Zufluchtsort von Tagedieben und Räuberbanden war und ob Hölzerlips wirklich dort ein Haus besessen hat, das weiß niemand mehr. Die Geschichte des Dorfes reicht wohl zurück ins 12. Jahrhundert. 1828 lebten in Galmbach 19 Bauernfamilien mit insgesamt 149 Menschen und einige Besitzlose unter schwierigen Bedingungen. Dem Fürsten Karl von Leiningen war der nicht besonders gut beleumundete Ort jedoch im Wege, zumal er seinen neuen Wildpark erweitern wollte. Er betrieb deshalb das Ende von Galmbach, kaufte den Bauern Land und Häuser ab und nannte den am 7. September 1836 aufgelösten Ort nach seinem Sohn Eduardsthal.

Spuren im Wald

Einige Galmbacher Bürger wanderten aus nach Amerika, die meisten siedelten sich in den umliegenden Ortschaften an. Übrig geblieben sind von Galmbach gerade einmal vier Gebäude, viele Spuren und noch mehr Geschichten.

Und noch etwas . . .

Das eigentliche Madonnenländchen liegt zwar etwas weiter nordöstlich im Odenwald, rund um Walldürn. Aber wenn es um Bildstöcke, um alte Feld- und Sühnekreuze geht, kann Mudau allemal mithalten. Allein im Ortsteil Schlossau zählt man 44 steinerne, meist schlichte Denkmäler mit religiösen Darstellungen, davon 20 in dem 180-Seelen-Flecken Waldauerbach. Sie gehen häufig zurück auf ein Gelübde, erzählen von Leid und Not und der Dankbarkeit der Menschen in dieser schon immer bäuerlich orientierten Landschaft. An Hausecken, Ställen oder Scheunen findet man in kleinen Nischen vor allem Figuren der Mutter Gottes oder des Hl. Wendelin als Patron der Bauern, der Hirten und des Viehs. Die steinernen Bildstöcke stehen in der Regel an alten Pilger- und Kirchwegen, aber auch an Häusern und Gehöften, und sollen vorüber ziehende Kaufleute, Bauern oder Reisende zum Gedenken und stillen Gebet anregen. Diese Zeugen bäuerlicher Frömmigkeit werden heute als Kulturdenkmäler restauriert und erhalten.

Anni's Vesperhütte

Anni's Vesperhütte
Inhaberin: Anita Frühauf
Galmbacher Weg 24
69427 Mudau-Waldauerbach
Fon 06284/929455
Vesperhuette@web.de

Öffnungszeiten	Mai – Ende Sept ab 11 Uhr, Okt – Ende April ab 16 Uhr, Sa/So ab 11 Uhr. Mo/Do Ruhetage
Plätze	Hütte 20, Biergarten 30
Höhe	542 m
Speisen	Lukanische Bauernbratwurst, Kochkäse, Blutwurz Pils vom Fass, Grillen (nach Vereinbarung)
Für Kinder	Kleintiere, Pferde
Hunde	willkommen
Übernachtung	keine
Parken	beim Haus
Anfahrt	L 524 Waldbrunn – Mudau, abbiegen in K 3969 Richtung Schloßau, Ausschilderung Ortsmitte Waldauerbach
ÖPNV	Bahn Eberbach – Michelstadt, BusH Mudau,1 Stunde Fußweg
Sehenswürdigkeiten	Limes, Schloss Waldleiningen, Eduardstal, Martinskapelle Steinbach, Spuren der Winterhauchbande, Galgen Mudau
Besonderheiten	Flammkuchen-Party, Oktoberfest
Wanderkarte	19 – Östlicher Odenwald - Madonnenländchen

BilderBuch Bullauer Bild

Bullau ist mehr als ein Bild. Es ist ein ganzes Buch mit Bildern aus fast fünf Jahrhunderten, in denen Pilger und Kaufleute, Holzfäller und Wanderer an diesem seltsam von einer mächtigen Buche umschlungenen Marien-Marterl vorbeigezogen sind. Und zu den schönsten Bildern zählt ohne Zweifel der Biergarten im Schatten des alten Bildstocks, auf der Wiese des Gasthauses Bullauer Bild.

Oma Lisbeth

Wolfgang Setzer, der heutige Wirt des über einhundert Jahre alten Gasthauses, passt ins Bild. Er ist hier geboren und aufgewachsen. Sein Urgroßvater Adam hatte 1892 die Lizenz erhalten, beim Bullauer Bild Bier zu verzapfen. Seine Söhne Adam und Georg führten den Betrieb weiter, bis der Schorsch als Leibjäger zum Grafen zu Erbach-Erbach ging. Das war die Stunde von Oma Lisbeth. Sie hielt den Laden in Schwung, stellte im Sommer die Gartenstühle raus, wenn der Förster, die Jäger, die Holzarbeiter oder Wanderer vorbeikamen. Da gabs dann auch mal ein Worschtebrot oder ein Stück Käse. „Wer kam, der hat auch was bekommen". Das galt auch im Winter, wenn die Kinder vom Schlittenfahren kamen.

Da seine Eltern nichts von der Gastronomie wissen wollten, hielt Wolfgang Setzer mit seiner Partnerin Bernadette Höhne den Zapfhahn wenigstens am Wochenende am Laufen. 1987, als das Bullauer Bild an Strom und Wasser angeschlossen war, eröffnete er die heutige Gaststube, die um den großen Kachelofen herumgebaut ist. Man sieht es ihm an, wie sehr ihm das Kochen Spaß macht. Alles selbst gelernt, zum Teil von seinen beiden Kindern, beides international erfolgreiche Köche. Aber er schaut auch mal einem Sternekoch in den Topf. Vieles hat er sich auch in Italien abgeschaut, wenn ihm der Odenwald zu eng wurde.

Kartoffel statt Pommes

Seine Leibgerichte sind Braten, Krustenbraten mit Knödeln, Wildbraten mit Senfrahmlinsen oder Lammbraten in Lavendelsauce. Die Hähnchenbrust serviert Setzer mit Trüffelsauce, das Kotelett mit Kraut und Salzkartoffeln. Bratkartoffel sind ihm lieber als Pommes frites. Auf der Vesperkarte stehen aber auch Käsespätzle mit Röstzwiebel und Salat (7,60 Euro), Hand- und Kochkäse, Bratwurst mit Sauerkraut und Bratkartoffeln (7,90 Euro) oder eine toskanische Schinkenplatte. Aktuell gibt es fast immer Lamm, Fisch oder Wild.

Eigenes Sauerkraut

Wolfgang Setzer ist ein umtriebiger Mann. Tagsüber ist er aktiv als Betriebsratsvorsitzender in einem Kunststoffwerk. Den Vorsitz im örtlichen Verschönerungsverein hat er inzwischen abgegeben. In seiner Küche macht er fast alles selbst, die Wurst und den Schinken, den Kochkäse, die Knödel, die Nudeln, sogar das Sauerkraut. Und natürlich die Kuchen.

In die Pilze

Zur Pilzzeit geht er mit seinen Gästen auch einmal in die Pilze und bereitet die Ernte gemeinsam mit ihnen zu. Einmal im Jahr kommt ein Bildhauer zum Bullauer Bild und zeigt, wie man aus einem Stein ein Kunstwerk formt. Tradition ist längst das Mittsommernachtsfest, das Grillen oder der Fisch am offenen Feuer. Und zwei Mal im Jahr ist Schlachtfest. Dazu gibt es Themenwochen mit Spezialitäten aus Bayern, Österreich oder (natürlich) Italien.

☞ Unser Tipp

Für Erbach, die Kreisstadt des Odenwaldkreises, sollte man sich auf jeden Fall Zeit nehmen. Die Altstadt mit dem imposanten Barockschloss, mit Orangerie und Lustgarten, den restaurierten Fachwerkhäusern, dem Alten Rathaus, dem Marktplatz und der Stadtkirche sind es immer wert. Dazu kommen mit dem Schlossmuseum und dem Deutschen Elfenbeinmuseum zwei Hochkaräter. Das gräfliche Schloss beherbergt die berühmten Sammlungen der Grafen zu Erbach-Erbach.

Weißes Gold

Einmalig ist das Deutsche Elfenbeinmuseum mit mehr als 2000 Exponaten und täglichen Vorführungen. Seit Graf Franz I. vor mehr als 200 Jahren das kostbare Elfenbein in den Odenwald holte, hat sich Erbach zu einem der bedeutendsten europäischen Zentren der Elfenbeinschnitzerei entwickelt. Das Museum ist ganzjährig geöffnet (November – Februar montags geschlossen). Eintrittspreise 3 bis 5,50 Euro. Für beide Museen gibt es ein Kombiticket.

Und noch etwas . . .

Das Bullauer Bild ist ein Schlüsselbild für den Odenwald. Der mannshohe Steinbildstock ist im Laufe der Jahre mit einer mächtigen Buche zusammengewachsen. Zuerst war das Marterl mit der eingemeißelten Jahreszahl 1561. Es steht als Heilszeichen an der Kreuzung zweier wichtiger Handels- und Pilgerpfade auf dem Weg nach Walldürn. Irgendwann hat eine inzwischen riesige, grün bemooste Buche den Bildstock zunächst schützend umarmt und ihn mit den Jahren gewaltsam fast erdrückt. Bild und Buche sind untrennbar miteinander verwachsen zu einer Schicksalsgemeinschaft mit ungewissem Ausgang. Ein eindrucksvolles Symbol von Nebeneinander, Miteinander und am Ende Gegeneinander. Das Marienbild, das eigentliche Bullauer Bild, ist Ende des vergangenen Jahrhunderts neu ausgemalt worden.

Gasthaus Bullauer Bild

Gasthaus Bullauer Bild
Inhaber: Wolfgang Setzer
Bullauer Bild 3
64711 Erbach-Bullau
Fon/Fax 06062/2522;
Mobil 0160/1688136

täglich ab 11:30 Uhr, Sa/So ab 10 Uhr, Mo Ruhetag

45 innen, 50 außen

550 m

Wildbraten mit Senfrahmlinsen, Lamm in Lavendelsauce, Krustenbraten mit Knödeln

Spielmöglichkeit im Freien

willkommen

keine

beim Haus

ab Erbach K 42 Richtung Erlenbach, Bullau, abbiegen bei NaturP Bullauer Bild, gegenüber Camping Safari

RufBus 06062/943394

Römerbad (45 Min.), Klettergarten Würzberg, Felsenmeer, Museen in Erbach

Pilzseminar, Bildhauer-Kurs, Schlachtfeste, Mittsommernacht, Länderwochen

6 – Mittlerer Odenwald

Kartoffelhörnle aus Paulas Rezeptbuch

Berthold Schüßler hatte ja keine Ahnung, was in seinem alten Wohnzimmer an sensationellen Schätzen verborgen war. Eigentlich sollte sein Elternhaus abgerissen werden, als er es 1981 an die Stadt Walldürn verkaufte und in den Neubau auf der anderen Straßenseite zog. Inzwischen ist der aus dem Jahr 1725 stammende großbäuerliche Hof Schüßler ein Schmuckstück des Odenwälder Freilandmuseums Gottersdorf. Unter sieben Putzschichten fanden die Restaurateure eine Fülle wertvoller dekorativer Malereien, wie man sie in Bauernhäusern zuvor noch nie gesehen hatte.

Mit dem inzwischen auf 16 Häuser angewachsenen Freilandmuseums ist auch der Neubau von Helga und Berthold Schüßler kontinuierlich erweitert worden.

Unterm Nussbaum

Unter dem prächtigen Nussbaum in ihrem Vorgarten entstand zunächst eine gemütliche Gartenwirtschaft, bis sie vor zehn Jahren auch ihr Wohnzimmer für Gäste räumten und zwei sehr geschmackvoll möblierte Räume einrichteten. „Wenn man sich jeden Tag hier aufhält, dann möchte man sich hier auch wohl fühlen“, meint Helga Schüßler. Dezent hat sie die moderne Möblierung ergänzt mit einigen Originalen aus dem alten Schüßlerhof, hier ein Sekretär, da ein Schrank oder eine Vitrine.

Zu den Raritäten aus dem Hof Schüßler gehört auch ein altes Kochbuch der Schwiegermutter Paula. „Das war aber eine magere Küche damals“, meint Helga Schüßler, die sich dennoch immer mal wieder Anregungen aus dem Büchlein holt und die alten Rezepturen modifiziert. Dazu zählen die mit Pflaumenmus gefüllten Kartoffelhörnle, als Beilage oder zur Suppe serviert. Die meisten Tipps zur traditionellen Küche des Madonnenländchens hat sie aber von ihrer Mutter im bayrischen Schneeberg, nur ein paar Minuten Richtung Amorbach.

Frische Kohlroulade

So finden wir auf der Karte neben dem Krustenbraten mit selbst gemachten Knödeln auch einmal eine tagesfrische Kohlroulade (für 6 Euro) oder Kartoffelwurst, früher ein Arme-Leute-Essen, bei dem die Blutwurst mit Kartoffeln verlängert wurde. Ehrensache, dass Helga Schüßler immer Grünkern und Dinkel auf den Tisch bringt, biologisch natürlich, aus Sindolsheim.

Kerniges

Zum Beispiel als Dinkel-Gemüsepfanne (6,50 Euro) oder Grünkernküchle mit Salat (5,90 Euro), als Grünkernknödel mit Zwiebelsauce und klassisch als Grünkernsuppe, fein geschrotet oder als Badische Festtagssuppe mit ganzen Körnern. Zum Vesper locken ein Bauerntoast mit Hausmacher Wurst und Käse überbacken (4,80 Euro), Kochkäse mit Zwiebel und Brot oder ein Odenwälder Vesperteller.

Idyllischer kann man kaum vespern als unter dem Nussbaum der Gartenschänke, mit Blick auf den alten Dorfteich aus dem 14. Jahrhundert, dem ehemaligen Fischgewässer der Mönche von Amorbach. Ein Museumsbesuch der gemütlichen Art.

Unser Tipp

Das Madonnenländchen ist mit Kleinoden gesegnet, die alle einen Besuch wert sind. Natürlich gehören die Wallfahrtsstadt Walldürn, Buchen mit seiner Tropfsteinhöhle, Amorbach oder Miltenberg dazu. Einen Abstecher verdienen auch die Schneeberger Madonna, die Siegfriedsquelle bei Zittenfelden oder die Wildenburg des Wolfram von Eschenbach. Aber Zeit nehmen sollte man sich auf jeden Fall für das Odenwälder Freilandmuseum Gottersdorf. Im Laufe der Jahre sollen hier drei kleine Dörfer entstehen mit originalen Gebäuden aus dem Odenwald, dem Bauland und vom Unteren Neckar. Bisher sind 16 Gebäude fertig, die sehr unterschiedliche soziale Schichten aus verschiedenen Epochen repräsentieren. Authentische Einrichtungen und Originaldokumente lassen hier das Alltagsleben unserer Vorfahren wieder aufleben. Geöffnet ist das Museum vom 1. April bis 1. Nov. jeweils ab 10 Uhr, montags ist geschlossen. Eintritt 1,50/3 Euro.

Und noch etwas . . .

Der Dinkel ist das für das Bauland typisches Getreide. Für den normalen Backbetrieb ist das Korn zwar kaum geeignet, aber in der Küche spielt es traditionell und auch heute wieder eine wichtige Rolle, vor allem als Grünkern. Grünkern ist der unreif geerntete Dinkel, der früher auf Darren über Buchenfeuer haltbar gemacht worden ist. Durch das Buchenholz erhielt er sein typisches Aroma. Angeblich haben die Bauern den Dinkel früher grün geerntet, um ihn vor dem schlechten Herbstwetter in „Badisch-Sibirien" zu retten. Heute gehört der Grünkern zu den landestypischen Zutaten der heimischen Küche. Klassiker sind die Grünkernsuppe und die Küchle, die meist mit Salat serviert werden. Seit 2005 zeigen jeweils im Juli zahlreiche Gasthäuser, was man mit Fantasie und Kreativität mit dem Grünkern alles anstellen kann. Inzwischen gibt es auch den 40 Kilometer langen Grünkern-Radweg von Walldürn nach Widdern.

Gartenschänke am Hof Schüßler
Restaurant & Biergarten

Gartenschänke am Hof Schüßler
Inhaber: Helga und Berthold Schüßler
Hainbergweg 1
74731 Walldürn-Gottersdorf
Fon 06286/596
info@gartenschaenke.de, www.gartenschaenke.de

	Apr – Okt tgl. ab 12 Uhr, Mo Ruhetag Nov – März Mi – Sa ab 15, So/Fei ab 11 Uhr, Mo/Di Ruhetage
	60 in 2 Gasträumen, 50 im Biergarten
	300 m
	Grünkern- und Dinkelgerichte, Kohlroulade, Kartoffelwurst, traditionelle Speisen
	Spielplatz, Kindergerichte
	nur im Biergarten
	keine
	beim Haus
	B 47 Amorbach – Walldürn, bei Rippberg abbiegen nach Gottersdorf
	mit der Bahn nach Walldürn, Rippberg oder Schneeberg, 70 Min. zu Fuß
	Odenwälder Freilandmuseum, Basilika Walldürn, Abteikirche Amorbach, Fränkischer Marienweg
	Vorführung alter Handwerkskunst im Museum, Grünkernwochen
	11 – Fränkischer Odenwald

Hüttenzauber im Heustadl

Mit dem Heustadl hat sich Joachim Schwarz einen Traum erfüllt. Nach 15 Jahren in verschiedenen Mosbacher Häusern hat sich der junge Gastronom 2006 die ehemalige Metzgerei Diemer in Trienz gekauft und sie ganz nach seinen eigenen Vorstellungen in eine Art Odenwälder Alm verwandelt. Die Mischung aus Skihütte, Wohnzimmer und Museum bewahrt den ganzen Charme des mehr als 200 Jahre alten Hauses. Passend dazu bietet der gelernte Bäcker ein rustikales und bodenständiges Speiseangebot zu günstigen Preisen. Kein Wunder, daß der Stadl brummt, denn die Mischung stimmt. Dem Heustadl muß man sich über den Hintereingang nähern und dann noch den Mut haben, in einen fast privaten Vorraum einzutreten mit einem alten Küchenherd. Von hier aus geht es in die vier Stuben und geradeaus mitten hinein in den Stadl.

Sensen und Raufen

Das alte, aufgehellte Fachwerk strukturiert die weißgekalkten Wände, an denen als einziger Schmuck landwirtschaftliches Gerät hängt wie Sensen oder Raufen, die Joachim Schwarz zumeist in der Scheuer gefunden hat. Wie in einer Hütte sorgen durchgehende massive Holzbänke dafür, daß der Gast mit seinem Nachbarn ins Gespräch kommt. Dazu passen zehn rustikale Tische mit 5 cm dicken Fichtenholzplatten, die

ein Schreiner aus Obrigheim maßgefertigt hat. Es versteht sich, daß überall die alten Holzböden und die Original-Türen erhalten sind, vom Hausherrn eigenhändig abgelaugt. Nur der alte Saustall ist modern umgebaut als Toilette. Die alte Stalltür dient jetzt im Gastraum als Garderobe. Im Bauernschrank stehen die Gläser, und vom Stammtisch aus kann man durchs Fensterglas mit der Küchenhilfe flirten.

Trienzer Röstl

Ähnlich rustikal wie die Gaststube ist auch die Speisekarte im Heustadl. Da gibt es hausgemachte Maultaschen (4,50 Euro), Trienzer Röstl (Bratkartroffeln mit Roastbeefstreifen und Spiegelei) für 4,80 Euro oder als Tagesanschrieb einen Misthaufen (Blut- und Leberwurst mit Zwiebeln und Bratkartoffeln). Unter den Heustadl-Spezialitäten finden wir Saure Nierle mit Spätzle (5,80 Euro), ein „Trienzer Leibgericht", „Heu und Stroh" (grüne und weiße Nudeln mit Champignonrahm) oder Bubespitzle mit Kraut (3,80 Euro). Dazu gibt es das Schwarzwälder Rothaus-Bier vom Faß, den Most im Krug, und das Viertel Wein aus dem Badischen oder aus Württemberg noch im echten Viertel-Liter-Glas (ab 2,10 Euro). Die große Flasche Sprudel kostet übrigens 2,10 Euro.

Umweg lohnt

Der Trienzer Heustadl steht zwar eher im Heu als im Wald, aber in ein paar Minuten erreicht man die Wanderbahn Mosbach – Mudau, den Limes-Wanderweg West (weißes L) oder den Drei-Länder-Radweg. Der kleine Umweg lohnt sich allemal.

Und noch etwas . . .

An guten Tagen sind heute mehr Wanderer und Radfahrer unterwegs als früher mit dem „Bembele", wie die Odenwälder ihre Schmalspurbahn von Mudau nach Mosbach liebevoll nannten. „Zur Förderung des rückständigsten Teils des badischen Odenwaldes" hatte das Großherzoglich Badische Ministerium die 27,3 km lange Bahnstrecke erbauen und am 3.6.1905 den ersten Zug losdampfen lassen. Doch wie die Menschen auf den Höhen des Odenwaldes hatte auch das Bähnchen schwer zu schnaufen und war immer wieder von Stilllegung bedroht. Nach 68 Jahren, genau am 2.6. 1973, war es dann soweit. Die Bundesbahn ließ den Dampf ab, „S Bembele" tat seinen letzten Schnaufer. Aber die Anlieger-Gemeinden nutzten ihre Chance, kauften die Trasse und eröffneten 1980 auf der ehemaligen Bahnstrecke die Wanderbahn Mosbach-Mudau. Fast genau auf halber Strecke liegt Trienz mit dem Heustadl. Am Rand der Wanderbahn sind inzwischen zahlreiche Rastplätze und Erholungseinrichtungen entstanden. Wichtig für Eisenbahn-Freaks: Am Bahnhof Mudau kann man eine alte Dampflok besichtigen, die allerdings nie auf dieser Strecke gefahren ist.

Heustadl
Inhaber: Monika und Joachim Schwarz
Am Steigenwäldchen 1
74864 Fahrenbach-Trienz
Fon 06267/928381

Mi – Sa ab 16:30, So ab 11 Uhr oder nach Absprache
Mo/Die Ruhetag, während Schulferien geschlossen

70 in vier Stuben, 120 im Biergarten

320 m

Saure Nieren, Trienzer Röstl, Maultaschen

eigene Gerichte

willkommen

keine

beim Haus

Kreisstraße Mosbach-Limbach oder Waldbrunn-Mudau,
in Wagenschwend abbiegen

BusH 100 m

Hochseilgarten Mudau-Steinbach, Limes,
röm. Kleinkastelle, Roberner See

Bierbesen, Ausbau der Scheune geplant, schöner Hof

19 – Östlicher Odenwald – Madonnenländchen

Auf dem Schmetterling zum Reußenkreuz

Das Reußenkreuz war schon immer ein bedeutendes Drehkreuz des Odenwaldes. Früher trafen sich hier am Krähbergpass zwei wichtige Handelswege, heute kreuzen sich bei der mit 555 Metern höchsten Erhebung des Odenwald-Kreises die Siegfriedstraße und der badische Flügel des Odenwald-Schmetterlings. Kein Wunder, dass sich der Waldgasthof „Reußenkreuz" nicht nur auf Tageswanderer, sondern auch auf Wanderer-Urlaub eingerichtet hat.

Das heutige Reußenkreuz ist um 1720 zunächst als Forsthaus gebaut worden. Wenig später kam die Gaststube „Zum Auerhahn" dazu, vorwiegend als Raststätte für vorbeiziehende Händler. Erst mit Vollendung des letzten Teilstücks der Odenwald-Eisenbahn, der „Schellekattel", begann nach 1881 die touristische Entwicklung dieser Region. Das war auch die Zeit, in der der Odenwald-Klub die ersten Wanderwege markierte.

Das Ende des Auerhahns

Erst 1935, als Gustav und Maria Kroll die Gastwirtschaft am Krähberg übernahmen, wurde aus dem „Auerhahn" das „Reußenkreuz". Ob der Name auf die Verbindung der Großherzöge von Hessen mit der russischen Zarenfamilie zurückgeht oder auf den Flurnamen Reisenkreuz, was auf Wald und Busch hinweist, das bleibt Spekulation. Der Anfang der Höhenpension Reußenkreuz war jedenfalls recht bescheiden. Waschbecken für die meist durchwandernden Gäste gab es nur auf dem Flur, warmes Wasser nur einmal am Tag, morgens um halb acht. Und da im Sommer die örtliche Quelle oft nicht ausreichte, diente der Wasserwagen als Notlösung. Erst 1960 wurde der Gasthof ans öffentliche Wassernetz angeschlossen.

Wohlfühl-Oase

Heute ist das Reußenkreuz eine Wohlfühl-Oase mitten im Wald. Das Hotel macht mit seinen Wellness-Angeboten müde Wanderer wieder munter. Und die Küche verwöhnt auch die Tageswanderer, die sich vor allem in der gemütlichen Jägerstube und auf der herrlichen Terrasse zu Hause fühlen. Auf der Vesperkarte finden wir hausgemachte Wurst, Hand- und Kochkäse, Wurstsalat oder Bauernomelette. Oder wie wäre es mit einem Odenwälder Speckpfannkuchen (8 Euro) oder einem Holzfällerfrühstück mit Schwartenmagen, Zwiebeln, Essig und Öl (6,50 Euro).

Das meiste selbstgemacht

Die natürlich anspruchsvollere Abendkarte bietet vor allem Wild-Spezialitäten mit hausgemachten Spätzle oder Klößen. Das Wild bezieht das Reußenkreuz von Jägern aus dem Beerfelder Land und verarbeitet es selbst. Fast alles, was die Küche liefert, ist selbst hergestellt, vorwiegend aus regionalen Produkten. Dazu zählt auch der Apfelwein aus ungespritztem Obst oder das Quittengelee, das man wie die hausgemachten Bratwürste, den Wildschweinschinken oder Kuchen und Torten auch mitnehmen kann.

☞ Unser Tipp

So etwas Verrücktes und Skurriles vermutet man in Amorbach nicht - wie das Museum Mutter. Mutter ist die 1910 in Königsberg geborene Fotografin Eva-Maria Berger, die sich im Alter von 85 Jahren dieses Denkmal gesetzt hat. Da gibt es zeitgenössische Kunst, etwa Niki de Saint Phalle, Roy Lichtenstein, Nam June Paik oder Yves Klein, aber auch Särge aus Afrika, wo man sich in einer Cola-Flasche oder als Ananas beerdigen lassen kann. Glanzpunkte der Sammlung Berger sind die 2467 Teekannen, die mehr als 100 historischen Teddybären, die Pepsi-Cola-Sammlung, die Puppen und Puppenhäuser oder Alltags-Skurrilitäten wie Witzklopapier, ein Lokusgästebuch oder der Mercedes aus 500.000 Streichhölzern. Das knallrot angestrichene Museum Mutter ist geöffnet von April bis Ende Oktober, Do – So/Fei von 11 – 17:30 Uhr (Gruppen nach Vereinbarung: 09373/99081).
Eintritt 3,90 Euro.

Und noch etwas . . .

Das Beerfelder Land ist ein wahres Eldorado für Biker aller Gattungen. Die Siegfriedstraße, das Sensbachtal, der Krähbergpass, der Hessische Radfernwanderweg oder der Odenwälder 3-Länder-Radweg sind beliebte und viel befahrene Strecken. Speziell für Mountainbiker ist der Beerfelder Biker-Park angelegt, eine Anlage mit mittlerweile drei jeweils rund 1 km langen Strecken. Während der Single Trail auch von ungeübteren Fahrern bewältigt werden kann, erfordern die beiden Freeride-Kurse schon einige Erfahrung. Die Einzelfahrt kostet 1,50, die Tageskarte für Erwachsene 15 Euro.

Waldgasthof Reußenkreuz

Waldgasthof Reußenkreuz
Inhaberin: Markus Kroll und Brigitte Rüting
64759 Sensbachtal
Fon 06068/2086, Fax 4651
kroll@reussenkreuz.de
www.reussenkreuz.de

	täglich ab 8 Uhr ganzjährig, ohne Ruhetag
	100, in Nebenräumen 60, Terrasse 100
	520 m
	Wild, Lamm, Forelle, Wildschweinschinken
	Spielplatz
	willkommen
	ÜF 40 Euro (im Großraum 20 Euro)
	beim Haus
	L 3108 (Siegfriedstraße) zw. Hetzbach und Hesseneck
	BusH Reußenkreuz
	Einhardsbasilika Steinbach, Schloss Fürstenau, Wildenburg, Watterbacher Haus, Museum Mutter
	Odenwälder Spezialitätenwochen, Wanderwochenenden, Sauna
	10 – Beerfelder Land

Und Wilma grunzt tirolerisch

Die Salmshütte ist wie ein Flecken Südtirol mitten im Odenwald, auch wenn die Berge drumherum nicht ganz so majestätisch sind. Dafür ist die Wiese so grasgrün wie auf der Alm, die Speisekarte bietet neben Handkäse, Schwartenmagen oder Odenwälder Bratwürsten auch Speckknödel, Südtiroler Bergkäse mit Hüttenbrot oder einen roten Meraner Burggräfler. Meraner, so wie die Wirtsleute Silvia und Pius Meraner, den es vor Jahren aus dem Südtiroler Eisacktal ins Sensbachtal verschlagen hat. Eine Almhütte im Odenwald. Hüttenfreund, was willst du mehr.

Odenwald pur

Kein Wunder, dass an Wochenenden die Hütte knallevoll ist mit Wanderern, Bikern, Wanderreitern oder Autofahrern, die sogar von Darmstadt oder Frankfurt zur Salmshütte kommen. Hier erleben sie Odenwald pur, oft auch Po an Po. Gleich neben dem Biergarten die Wiese mit den Ponys, dahinter der Wald, die frische Luft und das deftige Vesper, das Silvia Meraner auf den Tisch bringt. Das hat was. Und wenn dann Gäste auch noch ihre mitgebrachten Instrumente auspacken, dann grunzt auch Wilma, das Haus-Wildschwein, rundum zufrieden.

Musik ganz ohne Strom

Höhepunkte in der Hüttensaison sind die monatlichen Haxenessen, zu denen man sich tunlichst anmelden sollte. Dazu spielt „Urig und Echt“, die Hauskapelle, ihre volkstümliche Musik, ganz ohne Strom gemacht. Ihr Stammpublikum haben auch das jährliche Hüttenfest im September und der Hüttenschluss am 3. Oktober, eine Art Almabtrieb. An Sonn- und Feiertagen serviert Silvia Meraner wechselnde Stammessen (6,60 Euro), mal Ofenschinken mit Tiroler Speckknödeln, mal Rippchen oder Kasseler mit Kraut. Dann gibt es auch ihre selbst gebackenen Kuchen, wie den Zupfkuchen oder den beliebten Apfelweinkuchen.

Hinner ins Rittschlich

Der Weiler Salmshütte auf der Höhe zwischen Sensbachtal und Ittertal hat derzeit 35 Einwohner, 16 Häuser und eine Hütte, eben die „Gartenwirtschaft Zur Salmshütte“. Niemand weiß, warum die Älteren diesen Ort heute noch „Rittschlich“ nennen. Vielleicht hat das mit dem Eselspfad zu tun, der die beiden Täler verbindet und durch die kleine Ansiedlung führt. Jedenfalls gehen ältere Sensbachtäler noch immer „hinner ins Rittschlich“. Der Name Salm kommt erst 1785 ins Spiel, als Johann Adam Salm, der in der heutigen Salmshütte wohnte, Anna Sophia Papp heiratete. Ein kleiner Landadliger aus dem Raum Buchen, der wohl die Jagd der Grafen von Erbach-Fürstenau beaufsichtigte.

Hinterm Haus die Schweine

Knapp fünfzig Jahre später entstanden vier kleinere Hofreiten, die sich mit Wohnstube, Nebenstube und einer Kochküche begnügten. Kühe und Kartoffeln teilten sich den Keller. Ein Erdkeller diente als Kühlschrank, und hinterm Haus hausten die Schweine und die Hühner. Aus dieser Zeit stammt auch das Elternhaus von Silvia Meraner. Lebhaft erinnert sie sich an die Zeit, als der elterliche Flaschenbierhandel immer mehr Waldarbeiter und Wanderer anzog, bis schließlich der alte Holzschuppen vor gut 25 Jahren zur gastlichen Hütte ausgebaut worden ist.

Unser Tipp

Von der Salmshütte aus können Wanderer bequem in den Badener Weg einsteigen, den gelben Flügel des Odenwald-Schmetterlings. Eine der schönsten Teilstrecken führt als Panoramaweg rund acht Kilometer hinauf zum Reußenkreuz, mit herrlichen Ausblicken bis zum Katzenbuckel. Wer Sinn hat für Kurioses, der kann auch den alten Eselspfad hinunter laufen zum „Brückenpeter" ins Ittertal. Dort gehört in den badischen Dörfern Friedrichsdorf und Gaimühle jeweils ein einzelnes Wohnhaus zu Hessen. Diese beiden Exclaven bilden zusammen mit dem Weiler Salmshütte, dem Wohnplatz Krähberg und den Ortsteilen Hebsthal, Ober- und Untersensbach die Gemeinde Sensbachtal. Mit 1031 Einwohnern ist sie die zweitkleinste Gemeinde des Landes Hessen.

Und noch etwas . . .

Nur zwei Täler weiter westlich der Salmshütte finden wir das kleinste E-Werk Hessens, die Mühle von Hans Stang im Beerfelder Stadtteil Falken-Gesäß. Über Jahrhunderte diente sie als Mehlmühle und zuletzt einer Schreinerei als Sägemühle, bis Hans Stang 1989 das wunderschöne Fachwerkhaus an der Unteren Ortsstraße 27 erwarb und mit viel Liebe und großem Aufwand den Mühlbach und das alte Mühlrad sanierte. Je nach Wasserstand erzeugt das Rad zwischen zwei und fünf Kilowatt Strom. Das reicht in der Regel kaum zum Eigenbedarf. Aber wenn Hans Stang als politischer Lobbyist großer Unternehmen in der Welt unterwegs ist, gehen die Überkapazitäten ins öffentliche Netz. Dann erwirtschaftet die Falken-Gesäßer Mühle bis zu 5 Euro am Tag. Ein echtes Kleinod im idyllischen Finkenbachtal.

rtenwirtschaft Zur Salmshütte

Gartenwirtschaft Zur Salmshütte
Inhaberin: Silvia Meraner
Salmshütte 19
64759 Sensbachtal
Fon u. Fax 06068/2940

Saison Ende April – 3.Oktober
Mi, Fr/Sa 12-22 Uhr, So/Fei 10-20 Uhr

80 in der Hütte, 50 im Biergarten

350 m

kalt-warme Vesperküche nach Odenwälder und Südtiroler Art

Spielplatz, Streicheltiere, Spielwiese

willkommen

keine

bei der Hütte

aus Eberbach oder Beerfelden Richtung Sensbachtal, in Untersensbach abbiegen nach Salmshütte (3 Km)

mit Bus bis Gaimühle oder Sensbacher Höhe, dann gute Stunde Fußweg

Schloss Krähberg, Erbach, Eberbach, Hirschhorn, Stang´sche Mühle in Falken-Gesäß

jeden Monat Haxenessen bei Volksmusik, Hüttenfest im September, Hüttenschluss am 3.Oktober

10 – Beerfelder Land

Landgasthof Schreckhof

Weinraritäten vom „Schrek“

Auch schreckhaftere Gemüter dürfen sich dem „Schreck“ unbekümmert nähern. Das Schrecklichste, was einem auf dem Weg dahin passieren kann, ist die Begegnung mit einer Bocksriemenzunge, einem Weinhähnchen, einem Feuersalamander oder einem Neuntöter, alles Tiere und Pflanzen, die streng geschützt sind. Im Mittelalter war der Schreckhof kurfürstliches Hofgut von Schloss Neuburg auf der anderen Neckarseite. Heute ist der zum Mosbacher Ortsteil Diedesheim gehörende Weiler eine friedlich-ländliche Siedlung mit 80 Einwohnern und vielleicht 40 Gebäuden, darunter der alte Landgasthof Schreckhof. Die Wirtsleute Martina und Thomas Gottweiß sind weißgott echte Schreckhof-Kinder. Martina führt den Gasthof in der vierten Generation. Thomas stammt aus dem Bauernhof auf der anderen Straßenseite. Kennen gelernt haben sie sich vor der Haustüre.

Gefüllter Bratling

Die Küche des Landgasthofs lebt von den Jahreszeiten und von den Produkten, die zwischen Neckar und Bauland gedeihen. Der Grünkern kommt mit wechselnden Inhalten als gefüllter Bratling auf den Tisch. Den Bärlauch kann man in den nahen Wäldern fast mit dem Vollernter einfahren. Auch das Wild und die Pilze kommen aus der unmittelbaren Umgebung. Die Küche des Schreckhofs ist traditionell bodenständig. Da gibt es den badischen Zwiebelrostbraten (11,50 Euro) oder schwäbische Käsespätzle (6 Euro), eine Hausmacher-Platte (5 Euro) oder den Schreckhöfer Bauernschmaus mit gebackener Blut- und Leberwurst, Zwiebeln und Besenbrot (4,50 Euro). Und immer freitags ist Schnitzelabend.

Eine besondere Rarität finden wir auf der Weinkarte, den

Schreckhof-Wein, den es eigentlich nur noch hier gibt. Früher waren die Hänge hinunter zum Neckar ein Meer von Reben. Im nahen Neckarelz unterhielt der Kurfürst sogar eine eigene Amtskellerei. Auch in der frühesten Nennung des Schreckhofs taucht in einer Urkunde vom 15. September 1305 ein „Weinberg am Schrek" auf. Heute gibt es noch drei Nebenerwerbswinzer, die bescheidene Bestände an Riesling, Müller-Thurgau, Auxerrois und Portugieser ausbauen, eben den Schreckhof-Wein.

20 Heuschreckenarten

Die Hänge oberhalb des Neckars bis hinauf zum Schreckhof stehen seit einigen Jahren unter Naturschutz. Hier leben 36 verschiedene Vogelarten, auch der europaweit geschützte Neuntöter. Wir finden seltene Schmetterlinge und 34 geschützte Pflanzenarten, davon allein 16 verschiedene Orchideen, wie die Bockszunge oder den Hummelragwurz. Die 20 hier heimischen Heuschreckenarten stehen in dringendem Verdacht, Namensgeber zu sein für den Schreckberg und den Schreckhof. Aber so ganz plausibel ist das nicht. Wahrscheinlicher ist die Variante, dass sich der Name Schreck herleitet von einem alten Begriff für Abhang, Sprung oder Riss.

☞ Unser Tipp

Seit einigen Jahren lebt auf dem Schreckhof auch der in Mosbach aufgewachsene Geigenbaumeister Thomas Schunk. Nach Lehrjahren in Frankfurt, Mainz und an der Oper im koreanischen Seoul hat er sich in dieser ländlichen Idylle niedergelassen. Hier ist er wie jeder Geigenbauer auf der Suche nach seinem Klangideal. Die besten Fichten für seine Geigen, Bratschen und Celli wachsen in den Alpen. Den Ahorn hat er aus dem Dorf Ahorn im Bauland und aus Bosnien, wo das Holz schöner geflammt ist. Ein Fichtenstamm und ein Ahorn reichen einem Geigenbauer übrigens für ein ganzes Leben. Thomas Schunk, der nicht nur neue Instrumente baut, sondern auch alte repariert, nimmt sich gerne Zeit für interessierte Besucher. Anmeldung unter 06261/893824, Fax 891694.

Und noch etwas . . .

Der Schreckhof ist auch Ziel- und Ausgangspunkt für geologische oder vogelkundliche Führungen. Nur ein paar Meter vom Gasthof entfernt stößt der Muschelkalk auf den Buntsandstein, der das Bild des Odenwaldes in Richtung Eberbach bestimmt. Hier finden wir auch die Margarethenschlucht, in der sich der Flursbach von der Hochebene des Odenwaldes hinunterstürzt zum Neckar. Es gibt einen gut 30minütigen Fußweg entlang der teilweise bizarren Schlucht, in den man bei Neckargerach oder bei der Siedlung Eisenschlucht einsteigen kann. Weiter neckarabwärts finden wir die Wolfsschlucht, die Carl Maria von Weber zu seiner Oper Freischütz inspiriert haben soll. Der Freischütz ist auch Pflichtprogramm der jährlichen Schlossfestspiele in Burg Zwingenberg. Diese zum Hause Baden gehörende Burg ist nur ein Glied in der Kette von Burgen auf beiden Seiten des Neckars, die vom Schreckhof aus alle in 10 bis 20 Autominuten erreichbar sind. Dazu gehören die Götzenburg Hornberg, die Burg Guttenberg, die Ruine Minneburg im Kleinen Odenwald oder Schloss Neuburg auf der gegenüberliegenden Neckarseite.

Landgasthof Schreckhof

Landgasthof Schreckhof
Inhaberin: Martina Gottweiß
Schreckhof 31
74821 Mosbach
Fon 06261/2590, Fax 899960
info@schreckhof.de, www.schreckhof.de

	Mo/Do ab 17, Fr/Sa ab 16, So/Fei ab 10 Uhr, oder auf Voranmeldung, Di/Mi Ruhetag
	50, Nebenzimmer 30, Terrasse 35
	293 m
	Badischer Zwiebelrostbraten, Schwäbische Käsespätzle, Bärlauch und Grünkern
	eigene Gerichte, Nachbar-Bauernhof mit Kleintieren
	willkommen
	11 Zimmer, ÜF ab 30 Euro
	beim Haus
	B 27, in Diedesheim Richtung Lohrbach, Schreckhof oder Neckargerach, Reichenbuch
	S1 bis Neckarelz, von dort 12 Min. Stadtbus bis Schreckhof, H beim Haus
	Margarethenschlucht, Burgen Hornberg, Zwingenberg oder Guttenberg, Neckartal
	freitags Schnitzelabend (5,50 Euro), Schlachtplatte jedes 2. Wochenende im Monat, Schreckhoffest
	18 – Mosbach – Adelsheim (erscheint Ende 2007)

Wo Rosi kocht serviert Peter das Beste

Treffender hätte sich das Gemütliche Eck seinen Namen nicht auswählen können. Beim Eintreten ist man zunächst einmal irritiert, weil schon jede Ecke besetzt ist – mit Püppchen und Bärchen, mit selbstgemachten Marmeladen und Likören, mit Nippes und mit echten Kostbarkeiten aus Omas Küche.

Eck mit Seele

Aber spätestens wenn Peter Beste und Rosemarie Koch auftauchen, die dem Gemütlichen Eck seine Seele geben, dann fühlt man sich hier zu Hause. Und ganz schnell wird der Kalauer zum Motto: „Peter serviert das Beste, was Rosi kocht". Und wie die Rosi kocht! Und Peter gibt dazu sein Bestes, seine unaufdringlich freundliche Art, die dem Gast das Gefühl gibt, hier zur Familie zu gehören. Lange Jahre war Peter Beste als Musiker durch Deutschland getourt, bis er schließlich 1988 im Odenwald hängengeblieben ist. Hier gefiel es ihm, besser als im Harz, seiner Heimat. Und er blieb auch, weil ihm Rosi gefiel, nicht nur, weil sie so gut kochen konnte. Das hatte sie daheim in Eberbach bei ihrer Mutter und bei der Oma Gärtner im Sensbachtal gelernt. Und so schmeckt es

auch im Gemütlichen Eck, ganz wie bei Muttern. Am liebsten kocht Rosemarie Koch, was die Region und die Saison hergeben: Ein 6-gängiges Bärlauch-Menü (für 14.50 Euro) zur Bärlauchzeit, ihre legendäre Gans im Oktober und November (auf Bestellung) oder „Gutes aus Omas Küche", für viele Stammgäste der Höhepunkt im kulinarischen Kalender des „Gemütlichen Ecks".

Erdrüben-Eintopf

Dann gibt es Krautwickel oder Saure Bohnen, Dampfnudel, Erdrüben-Eintopf oder Himmel und Erde. Die Wanderer unter ihren Gästen schätzen den „Wandertopf" mit Kraut und Sauerkraut, mit Pilzen und verschiedenen Fleischsorten oder das wechselnde Tagesessen für 6 Euro. Rosis Küche steht immer unter Dampf, warmes Essen gibt es ab 11:30 Uhr durchgehend bis 22 Uhr.

Was geht, wird selbst gemacht: Die Marmelade und Fruchtliköre, der Kuchen und das Brot und „Oma Gärtners Kochkäse". Der Bärlauch und die Kräuter kommen aus dem privaten Garten, und sogar die Champignons für das Jägerschnitzel sind aus eigener Zucht. Das Wild liefert der Förster, das Fleisch kommt vom Metzger Eichhorn in Eberbach, der noch selber schlachtet.

Grenzland

Das Gemütliche Eck steht dort, wo die Welt für Autofahrer zu Ende ist und der Weg nur noch zu Fuß weitergeht, quasi im letzten Eck von Igelsbach, das vorne zum badischen Eber-bach und hinten zum hessischen Hirschhorn gehört. Da das Gemütliche Eck ganz hinten zu finden ist, ist es also hessisch. Aber der Blick vom Biergarten oder der Sonnenterasse geht ins Badische, bis hin zu den Höhen des Katzenbuckels. Nur ein paar Schritte vom Gasthaus entfernt öffnet sich vom Naturpark-Parkplatz die Wanderwelt des südlichen Odenwalds. Und die kennt Peter Beste inzwischen wie seine Westentasche. Und selbstverständlich berät er seine Gäste bei ihrer Tourenplanung, ganz gleich, ob es um einen Wald-Spaziergang geht oder um eine ausgewachsene Wanderung.

Unser Tipp

Für das Nebenzimmer könnte man fast Eintritt verlangen. Hier wird das „Gemütliche Eck“ nostalgisch, fast zum Museum. In den Regalen hat Rosemarie Koch Krüge, Kannen und Töpfchen aufgereiht, die Petroleumlampe der Urgroßmutter und alte Küchenutensilien wie Mohnmühlen, Bohnenschnitzler oder die größte Sammlung an Fleischwölfen weit und breit. Viele dieser Raritäten haben Gäste beigesteuert. Glanzstück in Rosis Küchen-Ecke ist ein wunderschöner alter Herd. Den hat sie völlig verdreckt am Straßenrand in Eberbach als Sperrmüll entdeckt und zu Hause wieder auf Hochglanz gebracht.

Zum gemütlichen Eck

Zum gemütlichen Eck
Inhaber: Rosemarie Koch und Peter Beste
69412 Igelsbach, Ortsstraße 10
Fon/Fax 06271 / 71670
Kontakt@Gemuetliches-Eck.de, www.gemuetliches-eck.de

🕒	täglich warme Küche von 11:30 – 22 Uhr, Mo Ruhetag
Sitzplätze	50, dazu 60 Biergarten und Terrasse
Höhe	325 m
Küche	Omas Küche, Tages-Menu
Kinder	kleiner Spielplatz, Kinderportionen, eigener Räuberteller (um bei den Eltern zu räubern)
Hunde	willkommen, Hunde-Bar im Freien
Übernachtung	keine
P	am Haus, Naturpark-P in der Nähe PKW
Anfahrt	B 37 zw. Eberbach und Hirschhorn abbiegen nach Igelsbach, am Ortsende Linkskurve folgen
H	Omnibus-Haltestelle in der Nähe
Ausflugsziele	Hirschhorn, Eberbach, Steinerner Tisch, Bildstöckel
Tipp	privates Hausgeräte-Museum, eigene Marmeladen
Wanderkarte	13 – Neckartal-Odenwald

Landgasthof Zum Grund

Viele Gründe führen Zum Grund

Im Reisenbacher Grund spüren wir noch den Winterhauch des nahen Katzenbuckels. Hier, mehr als 250 Höhenmeter tiefer, sprudelt der Reisenbach durch eines der romantischsten und ursprünglichsten Täler des Odenwaldes.

Hölzerlips Spuren

Fast hinter jedem Baum begegnen wir den Spuren des Hölzerlips und seiner Spießgesellen, die im nahen Höllgrund wohl ihren letzten Becher in Freiheit geleert haben, ehe sie in Heidelberg zum Schafott geführt wurden. Im Reisenbacher Grund finden wir auch die Reste des Weilers Ferdinandsdorf, der im Jahre 1851 wegen Armut vom badischen Staat aufgelöst worden ist. Idealer Ausgangspunkt in diese Welt der Wälder und Geschichten ist der Landgasthof „Zum Grund". Gudrun und Helmut Cichy führen das mehr als 100 Jahre alte Haus bereits in der vierten Generation. Die Küche verwöhnt mit Odenwälder Spezialitäten wie heimischem Wild, selbstgemachten Bratwürsten, Schnitzel oder Rumpsteak, deftigem Vesper oder hausgemachtem Flammkuchen.

Seit 50 Jahren treu

Zu den Stammgästen zählt auch die Bundeswehr in Reisenbach, die aus gutem Grund den „Grund" als Kantine ausgewählt hat. Mit 24 Betten spricht die Pension auch Urlaubsgäste an, die dem Haus zum Teil schon seit 50 Jahren die Treue halten. Heute gehören zum Reisenbacher Grund noch zehn Häuser: Die ehemalige Mühle, ein Demeterhof, das Gasthaus und eine Handvoll Wohngebäude. Kinder finden mit dem von Helmut Cichy selbst gebauten Abenteuer-Spielplatz, den Tieren im Mühlenhof oder am Bach ein ideales Terrain. Besonders aufregend sind die geführten Kinderwanderungen auf den Spuren des Hölzerlips. Auch den Erwachsenen erschließen sich vom Reisenbacher Grund einige der spannendsten Geschichten des Odenwaldes.

Und noch etwas . . .

Der Markgrafenwald am Nordhang des Winterhauchs war bis hinunter zum Reisenbacher Grund nach dem 30jährigen Krieg der unwirtlichste Landstrich und das Armenhaus des badischen Odenwaldes. Um sein Sozialbudget zu entlasten und sich dafür Zehntabgaben zu sichern, siedelte Graf Ferdinand Andreas von Wiser als Lehnsherr ab dem Jahr 1707 die ärmsten der Armen aus den umliegenden Dörfern hier an, nannte die Siedlungen nach seinem eigenen Namen Unter- und Ober-Ferdinandsdorf. Doch die Winter waren hart, die Böden karg und die zugewiesenen Parzellen viel zu klein. Bis zu 300 Menschen lebten in dem Doppel-Weiler, der gerade einmal für 20 Familien gedacht war. In bitterster Not gruben sie im Winter die fürs Frühjahr gesteckten Kartoffeln wieder aus, um nicht zu verhungern. Aus Ferdinandsdorf wurde „Bettelmanns Umkehr". Die Obrigkeit stellte längst keine Wachen mehr auf, da hier ohnehin nichts zu stehlen war. Ein idealer Unterschlupf für die Räuberbanden, die in jener Zeit der sozialen Not im Odenwald hausten. Schließlich beschloss das Großherzogtum Baden, das Dorf aufzulösen und die Menschen nach Amerika auszusiedeln. Am 11. März 1851 fuhren die letzten 47 Ferdinandsdörfer in fünf Fuhrwerken nach Eberbach, um per Schiff nach Heidelberg und Mannheim weiter zu kommen.

Am 22. April legte der Dreimaster „Schiller" in Bremen ab und erreichte New York am 3. Mai 1851.

Unser Tipp

Nur unweit der baulichen Überreste dieser Tragödie finden wir das „Steinhaus“ (40 Min. vom Gasthaus Zum Grund), das der legendären Hölzerlips-Bande als Unterschlupf diente. Ähnlich wie die Menschen in Ferdinandsdorf lebten sie am Rande der Gesellschaft. Wie die meisten nicht-sesshaften Vaganten verdienten sie ihren Unterhalt als Löffelschnitzer, Bärenführer, als Kesselflicker, Musikanten oder Märchenerzähler. Vor allem in den harten Wintern waren sie gezwungen, mit Betteln, Diebstählen oder Raubüberfällen zu überleben. So waren Hölzerlips und seine Spießgesellen, ein Ableger der berühmten Schinderhannes-Bande, in der Nacht zum 1. Mai 1811 hier vom Steinhaus im Reisenbacher Grund aufgebrochen zu ihrem letzten großen Raubzug. Bei Hemsbach an der Bergstraße überfielen sie eine Postkutsche, wobei ein Schweizer Kaufmann ums Leben kam. In ihrer Stammkneipe im Höllgrund am Rande des Katzenbuckels nahm das Drama seinen Lauf. Noch während die Bande ihre Beute teilte, schlug die Polizei zu. Im Heidelberger Gefängnis hat Mannefriedrich sein berühmtes Lied geschrieben:
„Seit dem 1. Mai ist uns bekannt der Hemsbacher Raub im badischen Land, der unser Leben hat verkürzt und uns in großes Leid gestürzt“.

Am 31. Juli 1812, kurz nach Mittag, wurden Hölzerlips, Mannefriedrich, Veit Krämer und der Kremer Mathes in einem Schauprozess auf dem Heidelberger Marktplatz zum Tode verurteilt und auf dem Schandkarren zum Richtplatz vor die Tore der Stadt gebracht.

Landgasthof Zum Grund

Landgasthof Zum Grund
Inhaber:
Gudrun u. Helmut Cichy
Im Grund 3
69427 Mudau-Reisenbach/Grund
Fon 06284/292, Fax 240
www.landgasthof-zum-grund.de
email@Landgasthof-zum-Grund.de

- ganztägig ab Frühstück, Mo/Di Ruhetag
- 25, Nebenraum 50, Frühstücksraum 35
- 360 Meter
- Wildgerichte, Flammkuchen, Odenwälder Vesper
- selbst gebauter Abenteuer-Spielplatz, Bauernhof in Nachbarschaft, geführte Hölzerlips-Wanderungen
- willkommen
- 9 DZ, 5 EZ (ÜF ab 23 Euro), Hallenbad, Sauna
- am Haus
- von Eberbach-Gaimühle Richtung Reisenbach oder von Mudau, Scheidental, Reisenbach
- BusH Reisenbach, 30 Minuten, SchulbusH am Haus
- Ferdinandsdorf, Steinhaus, Mudauer Galgen, Schloß Waldleiningen, Martinskapelle
- Langlaufloipen, Husky-Rennen, Hallenbad
- Nr. 19 – Östlicher Odenwald - Madonnenländchen

Ach, du mein stilles Tal ...

Wo die Dörfer Preunschen und Beuchen heißen oder Watterbach, da wird es still im Odenwald. Fernab von Lärm und Hektik finden wir Wirtshausschilder mit den Namen Einkehr oder Im Stillen Tal, wie in Gönz. Die absolute Stille wird eigentlich nur von Wanderern unterbrochen oder vom Gluckern des Gönzbachs.

Wenn das Bächlein hier am Wirtshaus vorbeikommt, ist es vielleicht eine halbe Stunde unterwegs von seiner Quelle oben im Fichtenwald beim Sansenhof. Nach einer weiteren halben Stunde hat der Gönzbach sein Werk getan. Er wird vom Ohrenbach geschluckt, der ihn dann mitnimmt in den Main.

Auf diesem kurzen Lebensweg hat der kleine Bach über Jahrhunderte das Leben in dem stillen, gefangenen Tal zwischen Amorbach und Michelstadt bestimmt. Die Mühle mit einem eigenen Gerbgang für den Grünkern gilt als Ursprung des Dorfes Gönz.

Mühlrad steht still

Als die Viehwirtschaft den Getreideanbau verdrängte, war 1952 nach mehr als 400 Jahren Schluss mit der Müllerei. Der Großvater von Berthold Wörner, dem heutigen Wirt im Stillen Tal, setzte auf die Landwirtschaft und eine bescheidene Vesperwirtschaft für Wanderer, den Ursprung der heutigen Gaststätte. Im Stillen Tal kommt der Sonntagsbraten noch zu Ehren. Denn immer sonntags stehen Jägerbraten, Rinderbraten, Sauerbraten und Hirschbraten auf der Karte (7,60 – 11,50 Euro), mit selbst gemachten Knödeln, versteht sich. Unter der Woche gibt es Schnitzel und deftiges Hacksteak (7,50 Euro), die Hausplatte Stilles Tal, den Gönzer Vesperteller oder Bauernschinken mit selbst gemachtem Kochkäse. Zudem kocht Isolde Wörner täglich ein Tagesessen, einen Rehbraten zum Beispiel oder einen fränkischen Krustenbraten. Natürlich gibt es jede Menge Wurst und Schinken, alles aus eigener Schlachtung, denn der Wirt ist gelernter Metzger. Im Stall steht immer ein rundes Dutzend Schweine. Das reicht, um einiges in Dosen abzufüllen zum Mitnehmen. Selbstverständlich stammt auch der Apfelwein im Bembel von den eigenen Bäumen. In Gönz leben heute gerade einmal 53 Menschen, fast genau so viele wie im 17. Jahrhundert. Damals gab es 6 Bauern, heute sind es fünf. Aber erst kürzlich sind wieder zwei junge Familien hinunter nach Weilbach gezogen. „Wenn die Leut alt sin, kumme se jo nimmer fort", meint Berthold Wörner. „Und drum gehen sie lieber früher". Es gibt keinen Bus und keine Einkaufsmöglichkeit, nur den eigenen Hof, den Nachbarn und das Gasthaus Im Stillen Tal.

Zu Müllers

So gehen auch die Einheimischen mitunter „nunner zu Müllers", wie die Wörners heute noch im Ort genannt werden. Wenn ganz Gönz gleichzeitig „zu Müllers" ginge, wären im Gasthaus immer noch ein paar Plätze frei. Da beim Stillen Tal die Straße endet, kann man bei schönem Wetter das ganze Idyll Gönz im Paket genießen: Das Bächlein, die mächtigen dunklen Holzwände der Bauernhöfe, das kleine Dorfkirchlein, ein schöner Spielplatz sowie die Wiesen und Wälder. Ach, du mein stilles Tal ...

☞ Unser Tipp

Wer den Weg nach Gönz findet, sollte die kleine Kapelle gleich beim Stillen Tal beachten. Das Kirchlein haben die Gönzer 1787 selbst gebaut, um einen eigenen Gebetsraum zu haben. Neben dem Barockaltar und einem dem Maler Grünewald nachempfundenen Marienbild finden wir einen Kreuzweg unbekannter Herkunft. Vor knapp 100 Jahren ließ der damalige Pfarrer die Kapelle von einem jungen Kunstmaler zeitgemäß ausmalen. Doch sein stark expressionistisches Werk gefiel den Gönzern gar nicht. Sie übertünchten es einfach. Zwei mal im Jahr, am Gründonnerstag und am Tag des Kirchenpatrons St. Vitus, trifft sich die Gemeinde zum Gottesdienst.

Altes Pestkreuz

Täglich läuten die beiden Glocken, von denen die eine älter ist als die Kirche. Sie wurde nämlich 1750 in Frankfurt gegossen. An der Außenwand hängt ein altes Holzkreuz, eines von vieren, die früher die Flur schützen sollten. Vermutlich handelt es sich um ein Pestkreuz aus dem Jahr 1521, als in Miltenberg die Pest ausgebrochen war. Das Gönzer Kapellchen trägt übrigens im Dorf die Hausnummer Eins.

Und noch etwas . . .

Im Internet haben wir eine unbekannte Familienchronik der Müllers-Familie Wörner gefunden. Darin erinnert ein Bruder des letzten Müllers an die Kindheit der neun Geschwister in Gönz. Der am 22. März 1893 geborene Pfarrer August Wörner erzählt: „Im Frühling spielten wir mit alten Fässern und Reifen. Im Sommer war das Wasser unser Tummelplatz, wobei die Forellen gestreichelt und geneckt wurden. Im Herbst wurde das Vieh auf die Weide getrieben, Kartoffelkrautfeuer gemacht und in der Glut Kartoffeln gebraten, Rehe am Waldsaum beobachtet und gefoppt." An anderer Stelle berichtet er über Weihnachten und den gemeinsamen Gang zur mitternächtlichen Christmette hinunter nach Weckbach. „Ob sternklare oder stockfinstere Nacht, wir gingen zur Messe mit oder ohne Licht, wie es notwendig war. Wie der Zug der Hirten zum Stall von Bethlehem, so kam mir dieser Gang vor."

Gasthaus Zum Stillen Tal

Gasthaus Zum Stillen Tal
Inhaber: Berthold Wörner
63937 Weilbach
Gönz 10
Fon 09373 / 4788

tägl. ab 11:30 Uhr, Ruhetage im Sommer Mo, im Winter Mo/Di

70, außen 30

240 m

Fleisch und Wurst aus eigener Schlachtung
Sauerbraten, Rehbraten

öffentlicher Spielplatz beim Haus

willkommen

keine

beim Haus

Amorbach, Weilbach, Weckbach, dann abbiegen nach Gönz

Bus H Weckbach, 45 Min. Fußweg

Amorbach, Museum Mutter (Puppen, Teekannen), Wildenburg, Gönzer Kapelle

Schlachtfeste im Winter

7 – Maintal - Odenwald
11 – Fränkischer Odenwald

Ohne „Gedöös“ durchs Sensbachtal

Wenn Helmuth Michel auf seinem Hanomag R 19 aus dem Jahr 1952 sitzt, dann stimmt die Richtung. Dann geht es meist rund ums Sensbachtal, mit einem Dutzend fröhlicher Wanderer auf dem Hänger und einer Ladung Apfelwein aus dem eigenen Keller. Ausgangspunkt und Ziel dieser Touren ist immer die Holzerstube in Ober-Sensbachtal, denn hier ist Helmuth Michel zu Hause. Gemeinsam mit seiner Ketha, mit der er seit über 50 Jahren verheiratet ist, führt der rüstige Rentner die beliebte Vesperstube am Waldrand.

Die Holzerstube war früher einmal das Jagdhaus eines Wormser Jagdherren. Um auf Dauer jemanden im Haus zu haben, nahm sich der die Michels als Untermieter, für 25 Mark pro Jahr. 1957 kauften die Michels die Hütte und bauten sie aus, zunächst mit einem Fremdenzimmer. Als weiter unten im Ort aber eine Wirtschaft nach der anderen den Hahn zudrehte, drehten die Michels auf und bauten aus. Schließlich hatte der „Holzer“ ja Zimmermann gelernt.

Tüchtige Frauen

Und mit Katherine, die aus Falken-Gesäß im Nachbartal stammt, und der Schwiegermutter waren zwei tüchtige Frauen im Haus, die sich darauf verstanden, ihre Gäste zu verwöhnen. So ist heute noch die Holzerstube der wesentliche Lebensinhalt der alten Michels. Von morgens neun bis abends sind sie für ihre Gäste da, nur am Nachmittag gönnen sie sich ein Päuschen. Absoluter Hit auf ihrer Vesperkarte ist der Holzerteller, mit vier Sorten Wurst, mit Schinken, Handkäse und einem hauseigenen Obstler (4,60 Euro). Beliebt ist auch die Saure Wurst (Schwartenmagen mit Musik) für 3,80 Euro, vier Eier mit Speck (3,40 Euro) oder der obligatorische Hand- oder Kochkäse. Meistens sind auch Schweineschnitzel im Haus, zumal die Schwiegertochter von einem Bauernhof in Weisbach stammt.

Stimmung im Gebälk

Rund ums Haus steht einiges an „Gedöös, wu mer soi Lascht mit hot". Helmuth Michel denkt dabei vor allem an die Zwetschen, Kirschen, Birnen oder Äpfel, die immer dann geerntet werden wollen, wenn andere Arbeit drängt. Aber dem Obstler (90 Cent !) tut das gut. „Gedöös" sind auch die vielen „Kerbes" im Garten, aber aus denen macht der Junior Kürbiswein, der wie der Rhabarber- oder Holunderwein zu den Spezialitäten des Hauses zählt. Ein Markenzeichen der Holzerstube ist auch die Hausmusik. Wenn Helmuth und Helmut (beim Junior wurde am zweiten „h" gespart) loslegen, dann ist Stimmung im Gebälk.

Deshalb kommen neben den Wanderern auch die Einheimischen zu Helmuth Michel, der noch immer im dörflichen Gesangverein aktiv ist und seine Spuren im Sensbachtal gesetzt hat. Denn 20 Jahre lang schaffte Helmuth Michel bei der Gemeinde, als Mädchen für alles, wie er sagt. Da hat er vor allem Schutzhütten und Unterstellhäuschen gebaut, war aber auch Wassermeeschter oder Totengräber, wenn Not am Mann war. „Ärwet war immer".

Marbach-Stausee

Und noch etwas . . .

Eine richtige Weinnase braucht fast für jede Rebsorte ein spezielles edles Glas. Für den Apfelweintrinker gibt's nur eines, das „Gerippte", ein nach unten konisch zulaufendes Glas mit den typischen rautenförmigen Rippen. Diesen Rippenbecher finden wir schon im Mittelalter. Warum er zum einzig wahren Glas für den Apfelwein geworden ist, hat verschiedene Erklärungen. Zum einen gibt es einen rutschfesten Griff, zum andern soll diese Rautenstruktur das Licht brechen und den oft etwas trüben Apfelwein zum Funkeln bringen. Das „Gerippte" faßt traditionell 0,3 Liter. Aber auch hier verfallen allmählich die Sitten, und wir finden immer häufiger Viertellitergläser. Im Frankfurter Raum kennt man noch das „Schobbedeckelche", eine runde Holzscheibe, die genau auf das Glas paßt und lästige Zechgenossen wie Wespen oder Fliegen abhalten soll.

Zur Holzerstube

Pension und Vespereck
Zur Holzerstube
Inhaber: Helmut Michel
Das Tolle Rott 6
64759 Sensbachtal
Fon und Fax 06068/2402

tägl. ab 9 Uhr, 13 – 15 Uhr Ruhezeit, Do Ruhetag, ab Juni – Ende Aug So ab 13 Uhr geschlossen

40, Terrasse 30

450 m

Saure Wurst, Holzerplatte, Apfelwein, Fruchtweine

Naturspielplatz in der Nähe

in der Vesperstube willkommen

10 Betten, ÜF ab 17 Euro (keine Hunde)

beim Haus

über Beerfelden oder Eberbach – Gaimühle nach Sensbachtal beim Reußenkreuz abbiegen

Rufbus

Marbach-Stausee, Erbach, Michelstadt, Eberbach, Hirschhorn, Kletterpark Würzberg

Hausmusik, Bulldog-Fahrten

Beerfelder Land

Landgasthaus Zur Mühle

Himmlische Oase im Höllgrund

Mitten im Höllgrund finden wir das Paradies. Zwischen Gaimühle und Strümpfelbrunn gibt das vielleicht urigste und schönste Tal des Odenwaldes urplötzlich den Blick frei auf eine kleine Ebene mit dem Sechs-Häuser-Weiler Oberhöllgrund. Der Höllbach, der sich vom Katzenbuckel nach Nordwesten hinunter zur Itter quält, wird hier in eine Sandsteinrinne gefasst und treibt das alte, sechs Meter hohe Rad der Holznermühle. 1936 kauften die Holzners die gut hundert Jahre zuvor erbaute Lohnmühle und den dazugehörenden Holzner-Hof aus dem Besitz des Großherzogs von Baden. Und 20 Jahre später, am Pfingstmontag 1956, stellten sie einfach ein paar Tische und Stühle ins Schlaf- und ins Wohnzimmer und teilten das, was sie selbst erzeugt hatten, einfach mit ihren Gästen.

Käse handgemacht

Und so ähnlich ist das heute noch. Fast alles, was in der „Mühle" auf den Tisch kommt ist made bei Holzners: Das im Steinofen gebackene Bauernbrot, die Butter, die Hausmacher inclusive Hartwurst, der im Buchensägemehl geräucherte Schinken, der in Holzfässern vergorene Most (das Viertel für 1,10 Euro) und vor allem der Handkäse nach

Rainer Holzners speziellem Rezept, eine echte Spezialität. Außer montags sind Gäste in der „Mühle“ von täglich 10 bis 10 willkommen. Mittags und abends gibt es warme Küche, dazwischen eine mehr als üppige Vesperkarte.

Holzners Mühle

Die Holzners und ihre Gäste können von dem leben, was in der Mühle und auf dem Hof erzeugt wird. Die Mühle dreht sich im wesentlichen für den Eigenbedarf. Im Stall stehen derzeit zehn Kühe und 30 Schweine. Im Winter ist dienstags Schlachttag, da gibt's Kesselfleisch. Das meiste, was die Holzners herstellen, kann der Gast auch kaufen und mit nach Hause nehmen, auch den Most, sofern man ein entsprechendes Behältnis mitbringt. Und wer sich rechtzeitig anmeldet, darf sogar die noch von Lederriemen angetriebene Mühle besichtigen. Außer der gemütlichen Stube kann man bei entsprechendem Wetter natürlich auch draußen sitzen, am Mühlbach mit einem traumhaften Blick auf die umliegenden Weiden mit den Kühen und auf die Höhen des Hohen Odenwaldes. Holzners Mühle ist auch mit dem Pkw zu erreichen, allerdings auf einer recht kurvigen und engen Straße, die ein wenig an eine Bergetappe der Tour de France erinnert. Das wissen vor allem Radrennfahrer und Biker zu schätzen, die im Oberhöllgrund gerne Station machen.

Helle Hölle

Der Höllgrund ist als Landschaftsschutzgebiet einer der Glanzpunkte des Naturparks Neckartal-Odenwald. Auch wenn wir hier Gewann-Namen finden wie Krappenwald oder Geiersberg, Eisigklinge oder Henkersschlag hat das alles nichts zu tun mit der Hölle. Vielmehr weist der Name Höllgrund ethymologisch auf die „hellen“ Flächen, also die für den gesamten Odenwald typischen Wiesen, hin.

☞ Unser Tipp

Rainer Holzner ist einer der wenigen Odenwälder Gastwirte, die ihren Handkäse noch mit eigener Hand herstellen.

Zutaten für 4 Personen:
500 g Quark, 1 TL Salz,
2 EL Kümmel

Zubereitung:
Quark abtropfen lassen, mit Salz und Kümmel vermischen. Die Masse mit nassen Händen zu kleinen Kugeln formen, mit der Handfläche flach zusammendrücken. Ein Brett mit einem Tuch bedecken, darauf den Handkäse kühl und fliegenfrei 4 Tage ruhen lassen. Danach in einen Steinguttopf setzen, mit essiggetränktem Tuch bedecken und weitere 4 Tage reifen lassen. Mit Musik aus Essig, Öl und Zwiebeln und mit Sauerteigbrot servieren.

Achtung:
Quark unbedingt aus unbehandelter Kuhmilch, sonst Schimmelgefahr!

Und noch etwas . . .

Im Höllgrund war auch die Stammkneipe der Winterhauchbande um Hölzerlips und Mannefriedrich. In diesem „Wirtshaus im Höllgrund“ soffen sie ihren Branntwein, von hier aus zogen sie zu ihren Straftaten, und hier begann auch ihr Ende nach dem Überfall von Hemsbach. Der Wirt, wohl ein Müller, ließ sich auch mit Beutestücken bezahlen, wenn die Bande zu dick in der Kreide stand. Doch wo war diese „kochemer beiz“? War es die heute noch aktive Mühle im Oberhöllgrund, die Holznersmühle? Wohl kaum, denn die ist erst 20 Jahre nach der Hinrichtung von Hölzerlips und seinen drei Kumpanen errichtet worden. Heißer Kandidat ist die alte Mühle im Unterhöllgrund, für die der Bauer Nikolaus Ihrig 1805 eine Konzession beantragt hat. Die alte Ihrigsmühle ist bis weit ins 20. Jahrhundert hinein als Gaststätte betrieben worden, zuletzt als Schneiders Vesperstube. Die ebenfalls noch erhaltene Scheune könnte demnach der Hölzerlipsbande als Nachtquartier gedient haben.

Landgasthaus Zur Mühle

Landgasthaus Zur Mühle
Inhaber: Rita und Rainer Holzner
69429 Waldbrunn-Oberhöllgrund
Fon 06274/356, Fax 95048
www.landgasthaus-zurmuehle.de

	täglich von 10 bis 22 Uhr, Mo Ruhetag
	75, Terrasse 70
	435 m
	Wurst und Fleisch aus eigener Schlachtung; Handkäse
	Spielmöglichkeit auf Wiesen und am Mühlbach
	willkommen
	keine
	beim Haus
	aus Richtung Eberbach, Mudau oder Mosbach in Strümpfelbrunn abfahren, aus Richtung Erbach/Amorbach über Gaimühle
	bis Strümpfelbrunn oder Gaimühle, dann 35 Min. Fußweg
	Katzenbuckel, Kuranlagen Waldbrunn, Kurgestüt Mülben, Limeslehrpfad Schlossau, Naturlehrpfade
	Verkauf von Wurst, Brot und Most, Mühlenführung nach Anmeldung
	19 – Östlicher Odenwald - Madonnenländchen

NaturFreunde leben naturfreundlich

Der Zwingenberger Hof steht auf einer Schololadenecke des Neckartales, unmittelbar am Fluss, fernab vom Autoverkehr, mit herrlichem Blick auf die Burg Zwingenberg. Früher existierten hier zwei Bauernhöfe, von denen einer allerdings kaum noch genutzt wird und langsam verfällt. Den anderen haben Mitte der Fünfziger Jahre Mannheimer NaturFreunde für sich entdeckt. In den Nachkriegsjahren nutzten sie das Haus und die Wiesen als idealen Ort für Kinderlager und Familienfreizeiten. Nachdem es zwischenzeitlich etwas ruhiger geworden war, übernahm die Ortsgruppe Neckarbischofsheim 2003 die Anlage mit frischem Schwung. Alle Achtung, was die Neckarbischofsheimer NaturFreunde aus dem Zwingenberger Hof inzwischen gemacht haben. Das alte Gehöft an diesem exponierten Platz am linken Neckarufer ist kaum wiederzuerkennen. Das Selbstversorgerhaus ist völlig runderneuert, anstelle der abgebrannten Scheune ist ein modernes zweites Haus entstanden mit einer freundlich-hellen Gaststätte. Ein idealer Rastplatz für Wanderer, Radfahrer oder Bootswanderer, die einen eigenen Anlegesteg vorfinden.

Radlers Rast

Neben Bootstouristen und Wanderern, die vom Kleinen Odenwald herunter kommen, schätzen vor allem Radfahrer den Zwingenberger Hof als ruhige und freundliche Rast-Station. Denn das Haus liegt am 345 Kilometer langen Neckartal-Radweg, der von der Quelle bei Villingen-Schwenningen bis nach Heidelberg führt. Der Allgemeine Deutsche Fahrrad-Club hat das Zwingenberger NaturFreundehaus als besonders fahrradfreundlich mit dem Signet „Bett & Bike" ausgezeichnet.

Dieses Gütesiegel gilt auch für Messer und Gabel. So finden wir im Vesperangebot zum Beispiel eine Portion Schinken, Salami oder Käse für jeweils 3,60 Euro. Aus der warmen Küche gibt es Maultaschen in Brühe oder gebraten (3,20 Euro), einen Erbseneintopf mit oder ohne Wurst oder eine Wurst mit Brot oder Kartoffelsalat. Und wenn man Glück hat, wird am Wochenende auch ein kleines Tagesessen angeboten, wie etwa Spaghetti oder frischer Wurstsalat. Das hängt dann von der Lust und den Kochkünsten der ehrenamtlichen Helfer ab.

Löwenzahn
Bei ihren Produkten achten die NaturFreunde auf regionale und biologisch einwandfreie Erzeugnisse, die sie zum Teil aus ihrem eigenen Naturkost- und Weltladen Löwenzahn in Neckarbischofsheim beziehen. Auch beim Um- und Neubau, den sie weitgehend in Eigenleistung erbracht haben, sind so weit wie möglich umweltfreundliche Materialien verwendet worden, einschließlich der Heizung mit Holzpellets oder Solarenergie. Im Neubau gibt es neben der Gaststätte und Vereinsräumen jetzt auch neue Sanitäranlagen für die Benutzer des 2000 Quadratmeter großen Zeltplatzes.

☞ Unser Tipp

Nur eine gemütliche Fahrradstunde neckarabwärts finden wir in der Neckarschleife bei Hirschhorn die Ersheimer Kapelle, übrigens auf dem einzigen hessischen Landstreifen südlich des Neckars. Sie ist die älteste Kirche im Neckartal und reicht in ihren Ursprüngen zurück ins 8. Jahrhundert. Das heutige Friedhofskirchlein stammt aus der Hoch- und Spätgotik und war bis zur Reformation die Hirschhorner Pfarrkirche. Auf dem Friedhof finden wir heute noch die von dem Mainzer Domherrn Konrad von Hirschhorn 1412 gestiftete Totenleuchte, den sogenannten Elendstein. Neben verschiedenen mittelalterlichen Grabplatten sind vor allem die Fresken im Langhaus sehenswert.

Fledermäuse flattern

Die Ersheimer Kapelle ist inzwischen aber auch zum Mekka von Fledermausfreunden geworden, denn in ihrem Dachgestühl hat sich die größte Mausohrfledermaus-Kolonie der Region eingenistet, die hier ihren Nachwuchs aufzieht. An warmen Sommerabenden kann man an die tausend dieser nachtaktiven Flieger beobachten, wie sie aus einem Fenster am Nordgiebel der Kapelle herausflattern, um in den Wäldern und Streuobstwiesen des Neckartales Insekten und Käfer zu jagen.

Und noch etwas . . .

Die Neckarfähre bei Zwingenberg ist nicht nur Teil des Neckartal-Radweges, der hier vom rechten aufs linke Ufer schwenkt, sondern auch eine der letzten Fähren über den Fluss. Früher war der Neckar gefürchtet wegen seiner gefährlichen und wilden Strömungen. Aber mit seiner Bändigung durch die Staustufen in der ersten Hälfte des vergangenen Jahrhunderts ist auch das Leben der Fährleute ruhiger und sicherer geworden. Die Lebensbedingungen, die sozialen Verflechtungen und die geschichtlichen Wurzeln der Menschen zwischen Kleinem Odenwald und Bauland sind in ca. 30 Naturdenkmalen dokumentiert, die die „Museumsstraße Odenwälder Bauernhaus" bilden. Neben der Fähre bei Zwingenberg gehören andernorts der Dorfbrunnen oder ein Bauerngarten dazu, eine kleine Kapelle, eine Grünkerndarre oder der Großherzoglich-Badische Bahnhof. Am Fähranleger auf der rechten Neckarseite weist eine Tafel auf die Museumsstraße hin.

Zwingenberger Hof

NaturFreundehaus
Zwingenberger Hof
Inhaber: NaturFreunde
Neckarbischofsheim
(Fon 07263/961087)
Im Hoffeld 7 – 8
69439 Zwingenberg/Neckar
Fon 06236/520, Fax 01805/06034759788
naturfreundehaus-zwingenberg@t-online.de
www.naturfreundehaus-zwingenberg.de

Öffnungszeiten	1. Apr – Ende Sept, tägl. ab ca. 10 Uhr, Öffnungszeiten richten sich nach Fahrplan der Neckarfähre Zwingenberg
Plätze	40, Biergarten 80
Höhe	148 m
Küche	Maultaschen, Erbseneintopf, Vesperteller
Kinder	Naturspielplatz
Hunde	angeleint willkommen (nicht auf dem Zeltplatz)
Übernachtung	12 Euro (Mitglieder, Kinder und Jugendliche ermäßigt)
Parken	sehr begrenzt
Auto	B 37 aus Eberbach oder Mosbach zur Fähre Zwingenberg, dann noch 500 m, mit dem Rad Neckartal-Radweg
Haltestelle	S-Bahn bis Zwingenberg, mit Fähre übersetzen
Ausflugsziele	Burg Zwingenberg, Margarethenschlucht, Burg Guttenberg, Mosbach, Eberbach, Ersheimer Kapelle, Bad Wimpfen
Besonderes	Sommerfest, Frühschoppen, Bootsanleger, Jugendzeltplatz, Übernachtungshaus, familienfreundliche Preise
Wanderkarte	17 – Kleiner Odenwald – Kraichgau mit Brunnenregion

Stichwortverzeichnis

Weitere HüttenZauber aus unserem Verlagsprogramm

HüttenZauber, Teil 1
ISBN-Nr. 3-937329-00-5 – EUR 9,80

HüttenZauber, Teil 2
ISBN-Nr. 3-937329-06-4 – EUR 9,80

HüttenZauber, Teil 3
ISBN-Nr. 3-937329-17-X – EUR 9,80

Impressum

höma-Verlag
Im Schlangengarten 56
76877 Offenbach
Tel: 06348-959391
Fax: 06348-959392
E-Mail: info@hoema-verlag.de
www.hoema-verlag.de

Redaktionelle Mitarbeit:
Monika Liebenstein

Titelbilder:
Hannes Liebenstein

Fotos:
Hannes Liebenstein

Layout und Gestaltung:
CityMedia Publishing
Hauptstraße 17
76877 Offenbach
Tel: 06348-98360
Fax: 06348-9836-11
E-Mail: info@citymedia-offenbach.de

Druck:
NINO Druck GmbH
Im Altenschemel 21
67435 Neustadt an der Weinstraße
Tel: 06327-97430
E-Mail: info@ninodruck.de
www.ninodruck.de

Wir danken den Betreibern von Hütten und den Gastronomen für ihre Unterstützung und das zur Verfügung gestellte Bild-Material, dem Kurpfälzischen Museum der Stadt Heidelberg für die Überlassung der Radierung „Blutgericht“, sowie Pressefoto Dorn für das Portrait auf S. 6.